きょうだい

障害のある
家族との
道のり

白鳥めぐみ
諏方智広
本間尚史

中央法規

はじめに

この本は「きょうだい」が書いた本です。「きょうだい」とは障害のある兄弟姉妹のいる人のことをいいます。この本では「きょうだい」のことは、ひらがなで表記しています。そして障害のある弟や障害のあるお姉ちゃんなど、障害のある側は「兄・弟・姉・妹」と漢字で表記しています。

この本を書いた三人には、それぞれに障害のある弟がいます。三人は別の場所で生まれ育ちました。小さいころから三人は、あまり自分の家族のことを周りに話さないで育ってきていました。そのことを気兼ねなく話せる相手を見つけられなかったからかもしれません。振り返ると確かに、困ったり悩んだりしたこともあったけれど、それなりに楽しいこともうれしいこともありました。そして大人になってから、それぞれが「きょうだいの会」を作りました。「きょうだいの会」を作ってみたら、わかりあえる仲間と話す経験ができました。それは、とても心地よいものでした。今になって、自分たちも本当は「ずっと仲間がほしかったんだ」とそう思いました。そして、まだ少数ではあるけれど、全国各地に「きょうだいの会」があることを知ることができました。「みんな一人じゃないんだ。」それは三人にとって、とてもうれしいことでした。

きょうだいの会では、はじめのうちは「幼いきょうだいたちの悩みをもっとなくしてあげよう」と考えたこともありました。でも幼い彼らは、ただ支援されるだけの対象ではなくて、彼らのなかに大きなパワーがあるということに、だんだんと気づいていきました。それはかつての自分たちも同じでした。きょうだいたちはたとえ幼くても、あるときは親を支え、あるときは障害のある兄を助け、またあるときは学校の先生にアドバイスをすることもありました。その姿を大人たちは、とても立派な良い子だとほめてくれました。きょうだいたちは、そのことをうれしく思うこともあったし、逆にうっとうしくなるときもありました。いい子でい続ける自分に疲れてしまうこともありました。それでも、自分でいろいろ解決したいという気持ちは、いつも大きくあったように思います。だからこの本を書くにあたって、「きょうだいは悩みが多いから助けてほしい」などと、言うつもりはありませんでした。

おそらく、今でも全国各地に、一人でがんばっているきょうだいはまだまだたくさんいるでしょう。そんな彼らすべてにとって、手助けや支援が早急に必要ということではないのかもしれません。でも一人でがんばるのはやっぱりさみしい。だからそんな彼らを私たちは応援したいと思います。大々的なのは恥ずかしいかもしれないから、こっそりこの本から彼らにエールを送ります。

「一人じゃないよ。みんな同じようなことに悩んだり心を痛めたりしながら、そのことに立ち向かっているよ。役に立てるかどうかわからないけど、いつも偉大な君たちに仲間たちからのアイデアを送ります」

どうか、この本が一人でがんばって思い悩んでいるきょうだいたちの元気とパワーの源になりますように。そして、この本を読んだきょうだいが「仲間がいる」と思うことができますように。

1 学校に入るまで

2 小学生から中学生

3 高校生から大学生

4 大人になってから

この本の使い方

この本は３つの構成で成り立っています。

エピソード 10

エピソードで語られているものは、私たち３人の話とこれまで出会った方々のお話などを組み合わせてつくった架空のものです。自分とは状況が異なると思われる場合も多いかもしれませんが、年代ごとによくあるものを集めてみましたので、過去を振り返る材料や、ちょうど同じような経験をしている仲間を得るようなものになればと思います。

解　説

エピソードのなかで語られていることを、少し客観的にとらえ、分析を加えてみました。実際にきょうだいを取り巻く環境はどんなものなのだろう。どういうことからこう感じてしまうのだろう。どういうことから、このように行動してしまうのだろう。幼いころはそこまで見えなかったことも、成長して理解できるようになるとわかることがあります。まずはエピソードの中身を整理してみることで、違う視点で考えられるようになれるかもしれません。

ヒント

同じようなきょうだいの先輩や仲間たちからの一つのアイデアとしてヒントを載せました。この方法が一番いいというわけではありません。他のきょうだいはこんなときにどんなふうに対応しているのだろう、どんなふうに考えているのだろうと知ることで、何か良い方法が見つかるといいなと思います。ちょっと違う考え方を取り入れることができると、困っていることにも少し余裕をもって向き合えるかもしれません。

1

学校に入るまで

このころはまだ、他人との違いに気づいていません。

でも、自分にはない病気や発作、感覚の違いが障害のある兄弟にはあるのだということはわかっています。

エピソード1

どうして いつも一人で 待たされるの？

大きな病院の小児科病棟の入り口の近くで私はずっと待っている。ここにはいすもソファーもおもちゃも本もない。「バイキンを持っているから、子どもは中に入っちゃいけない」という決まりがあって、中には入れない。

障害があって寝たきりの弟は、昨日から具合が悪く熱が下がらなくて、とうとうひきつけを起こしてしまった。お父さんとお母さんは私と弟を連れ、大急ぎで弟のかかりつけのこの病院にやってきた。そのままバタバタと運ばれて、両親と弟は小児科病棟の中に入っていった。「お姉ちゃんは待ってて」と私はここに一人残された。

いつみんなが出てくるのかわからなかったから、仕方なく私は入り口がよく見える場所で待っている。大きな窓にもたれたまま、私が入れない、そこから先の世界を想像した。中にはどんな部屋があって、どんな人たちが働いていて、どんなことをしているんだろう……すごく病気の重い子とか死にそうな子とかいっぱいいるのかな。必死で治しているお医者さんとか看護師さんとか、泣いてるお母さんとかお父さんとかがたくさんいるのかな？　私の頭の中はすぐに、いつかどこかで見たテレビドラマの映像でいっぱいになる。緊張したり泣いたりしている大人たちが叫んだり怒鳴ったりしながら、死にそうな子の命を救おうと必死になっているそんなシーン。そう考えだしたら、だんだんこわくなってきた。薄暗くなってきた廊下には、遠くからドンって音が響いてきたりして、そのたびに私はドキッとする。こんなにこわがっている私のことを気づいてくれる人はいないのかな。お母さんたちはいつ出てくるのかな。弟は大丈夫かな。死んじゃうのかな。私のことを誰か覚えてくれているのかな。

解説

命にかかわる病気や障害のある子どもが家族のなかにいると、親がその子のことで頭がいっぱいになるのは当然のことかもしれません。親にしてみたら、かわいいわが子が大変なことになり、親自身も理解が難しい病気や医療用語、薬、合併症、検査、治療のことを一気に知らされたり、あるいは決断を迫られたりで、そのことを処理するだけで精一杯になって、そのほかのことを考える余裕はなくなってしまうのだと思います。頻繁に通院しなくてはならなかったり、両親のみならず親戚も含めて、仕事も時間もお金もなんとかやりくりしながら、対応しなくてはならない場合もあり、そうなると家族全体が大変な状況です。

そこにいるきょうだいはどんなに小さくても家族全体の危機を感じ、両親の大変さを目の当たりにします。状況や会話の内容がはっきりとはわからなくても、「今、お母さんは大変なんだ」とか「弟は病気でがんばっているんだから、私はいい子でがまんしなくちゃいけない」ということはわかります。だからこそ、大人のじゃまにならないように、たとえお腹がすいていても、自分のことは忘れられているように思っても、その嵐が無事に過ぎ去るのを、静かに待ち続けることになるのです。いつも「心配させてしまうから」「難しい話はわからないだろうから」といった理由からか、あまり詳しいことは教えてもらえません。待ち時間は長時間になることも多く、いつ終わるかわからない不安な長い時間をきょうだいは一人で過ごしていることが多いのです。わからないということは不安なことです。だからこそ、子どもはたくましすぎる想像力でいろいろと思い悩んで過ごしてしまいます。きょうだいが「大事なかわいい弟はどうなってるんだろう？死んじゃうんだろうか？」とこわくておびえていても、そのことに気づいて声をかけてくれる人はなかなかいないのです。

ヒント

よくわからないことが多くて、心配もたくさんあって、こわい想像が止まらなくなってしまったら、そのときはもう、あまり考えすぎないほうがいいと思います。私はこわくなると「きっと大丈夫。私の考えているのは一番こわい話。本当はもっと違う」と呪文のように自分に言い聞かせて、落ち着くようにしていました。実際のところ、多くの場合は自分の想像よりはひどいことになっていませんでした。とにかく待ち時間が長そうだと先にわかるときは、私はできるだけ本を持って行くか、本があるプレイルームを探すことにしていました。はじめのうちは心配事が止まらなくなりますが、そのときは「あと三〇分だけいっぱい心配しよう」と決めて、時間が過ぎたら、それ以上は考えるのはやめることにしました。考え続けても結局はなにもできることはないし、こわくなるし、あまりよいことがないような気がします。だから物語などの世界に入り込んでしまうことができれば、その時間はこわくなりすぎずに待っていることができると思います。本がなかったら、自分で想像の物語を考えるのもいいかもしれません。あとは自分一人でできるゲームを開発するとか、まずは自分があまりこわくなりすぎない時間の過ごし方を探してみることが大事です。

そして、弟の病気のことや体調のことが心配なのは家族として当たり前の気持ちなので、きちんと聞いてみたいと思う人は、お母さんやお父さんに「なにも知らないと余計に心配だから私にもわかるように教えてほしい」と話してみてもいいと思います。「聞いたらもっと心配するだろうから」と教えてくれないかもしれませんが、そのときは「聞かないほうがもっと心配だ」と自分の気持ちを伝えることも必要です。でもなかなかそういうことを話せる余裕がないことのほうが多いと思うので、少しずつ試してみたいものです。

エピソード

2 どうしてお兄ちゃんだけ病院に行くの？

その前日、お母さんはいつも決まって大きなバッグにいろいろと詰めはじめる。中身はお兄ちゃんのためのおもちゃやお菓子、心配なことをメモしたノート、お兄ちゃんのお薬のチラシ。それから電車とバスの時間を調べる。その合間に、ヘルパーさんに電話して、打ち合わせもしている。「お兄ちゃんが落ち着いてお昼ご飯を食べることのできるところって、どこがいいでしょうかね?」。どうやらヘルパーさんと一緒にいろいろ考えて決めているみたいだ。お母さんの頭の中はお兄ちゃんのことでいっぱい。荷物の準備ができると、お母さんはお兄ちゃんに言い聞かせはじめた。「明日は朝五時に起きて、電車にいっぱい乗って、斉藤先生に会いに行くんだよ。診察して、お勉強して、それでお金払って終わりです。また先生とカードで遊ぶよ。それが終わったらポテト食べようね」。その言葉を聞いて、またあそこの病院に行くんだな、と僕はすぐにわかった。

お兄ちゃんはいつも、熱もないのに風邪をひいてもいないのに病院に行く。お医者さんと看護師さんは、優しく「学校は楽しい?」「なにして遊ぶのが好き?」と聞いて、にこにこして「ハイいいよ」と言われて終わり。なんだか不思議なところなんだ。その後、お兄ちゃんは別の部屋で遊ばせてもらう。その部屋には、たくさん遊ぶものがあって、棚にはおもしろそうなおもちゃがたくさん並んでいる。でも僕はいつも入れてもらえない。「外で待っていてくれるかな?」っていつも先生に言われて、しぶしぶ外でヘルパーさんと待っている。ドアの小窓からこっそりのぞくと、お兄ちゃんはおもしろそうなおもちゃで遊んでいて、それをお母さんと先生は楽しそうに見ていて「すごいね。えらいね」ってほめまくっている。あの遊びなら僕のほうがずっと上手にできるのに。お兄ちゃんなんてちっともすごくないよ。見ていたらすごくくやしくなって、僕は隣にいるヘルパーさんの足をけった。どうして僕は入れないんだろう。僕も遊びたいのに。いつもお兄ちゃんだけなんてずるい。いつもおまけでついてきて、寒くてつまらない廊下でヘルパーさんと待っているなんて嫌だ。いつもお兄ちゃんばっかりじゃないか。

だんだん怒りがたまってきた僕は、ぐずぐずと文句を言ってヘルパーさんを困らせた。「お前なんか嫌いだ！　あっち行け！」と言って逃げて隠れたりした。「おなかがすいてもう動けないよ」と廊下に寝ころんでいたら、やっと「終わったから、入って遊んでいいよ」と先生が声をかけてくれた。やっとのことで僕の番が来た。うれしくなって部屋に飛び込んで、今までお兄ちゃんが遊んでいたおもちゃで遊びはじめた。「見て！　僕もうまくできるんだよ。ほらお兄ちゃんよりずっと上手でしょ?」。そう言って振り返ったら、お母さんも先生も僕のことなんか全然見ていなかった。二人は真剣に手帳を見ながら「次はいつにしましょうか」なんて話している。いつだって僕のことは誰も気にしてくれない。もういいや。僕は部屋を飛び出した。

解説

障害や病気のある兄弟が小さいころは、お母さんがその子と一緒に、病院や療育施設、訓練や母子通園、特別支援学校などに通うことが頻繁にあります。

体が弱い、あるいは障害が重いというふうにきょうだいにとってもわかりやすい場合は、「治さなくてはいけない」とか「薬をもらいに行かなくてはいけない」と理解できるのですが、見てわかりづらい病気や障害の場合は「どうして元気なのに病院に通うの?」と疑問をもつこともあります。いつも付き合わされるきょうだいにとっては「いつもお兄ちゃんの用事で出かけなくてはいけなくて、家でゆっくり遊ぶ時間がない」ということにもなります。しかも、きょうだいにはきちんとした待つための場所も満足なおもちゃもなく、一人で待たされていたり、長い時間静かにしていなくてはならないことも多くあります。

きょうだいにとっては訓練や療育は、おもしろそうなおもちゃで大人と遊んでいるように見えるので、「お兄ちゃんは遊べるのになんで僕はダメなんだ」「なんで後回しにされるんだ」と不満いっぱいで待たされていることも多いのです。「お兄ちゃんばっかりずるい」と思い続けてしまうことで、「自分はお母さんたちから大事にされていない」という間違った思い込みが生まれてしまうこともあります。

ヒント

どこからどう考えてもいつもお兄ちゃんのことばかりで、「お兄ちゃんばっかりずるい」と思ってしまいますよね。それはきょうだいみんなが思うことです。お兄ちゃんにばかり行く場所があったり、いろいろしてもらっているように見えるのは当然のことだと思います。

「いいなぁ。なんだかお兄ちゃんばっかりずるいなぁ」とお母さんに言ってみたことはありますか？　「言っても無駄」「どうせ怒られるに決まってる」なんてあきらめないで、そう思ったらそう言ってみましょう。「ずるいなぁ」と心の中で思っていても、ぐずぐず文句を言っても正しい気持ちは伝わりません。「僕もお兄ちゃんみたいに、僕だけの特別な場所と時間がほしい」と言ってみましょう。無駄かもしれないけど、だめもとで言ってみましょう。お母さんは忙しいかもしれないけれど、きょうだいのために時間を作ってあげようと、考えてくれているお母さんも結構たくさんいるんですよ。

エピソード
3
どうして
お母さんはいつも
泣いているの？

お母さんが誰かと長電話している。ものすごく怒っている。「どうしてあんなこと言われないといけないのかしら」「すごくがんばって今まで育ててきたのに。なにがいけなかったんだろうって思っちゃうのよ」。そう言いながら、どうやらお母さんは泣いているみたいだ。前にスーパーから帰ってきたお母さんに「ねぇお母さん、あのさぁ」って話しかけたら、お母さんは泣いていた。私はそのときはじめてお母さんが泣いているのを見たので、びっくりした。「どうしてこんなに聞き分けがないんだろう」って言いながら、横でお菓子を食べている弟のまーくんを見ていた。

あるときは「こんなにまーくんが言うことをきかないのは『お母さんがきちんと叱らないから』って言われたんだよ」って言いながら、最初はぷりぷり怒っていたのに、しばらくしたら泣いていた。あるときは、お母さんがどうしても出かけたい用事があったのにお父さんにお仕事が入ってしまって、まーくんの面倒をみられなくなって、おばあちゃんにもお願いしたみたいだけど、おばあちゃんからも「まーくんは大変だから預かれない」って言われたみたいで、「お父さんがいてくれないと私はどこにも行けない」って言いながら、メソメソ泣いていた。

おばあちゃんから「どうして家族旅行なんて行くの。まーくんが風邪ひいたらどうするの。やめなさい」って言われたときも、「『お姉ちゃんをどこにも連れて行ってあげなくてかわいそう』って言ったのはおばあちゃんなのよ。だから旅行に行こうって決めたのよ」って泣きながら、お父さんにこぼしていた。いつも泣いているお母さんがとってもかわいそうだったけど、私にはどうしようもできなくて、お母さんが泣いているときは、早く泣きやんでくれるといいなって思いながら「そうだね。ひどいね」って言って、いつもお母さんと一緒にいてあげた。みんなお母さんを泣かせないでくれればいいのに。

解説

お母さんが悩んでいるとき、いつもそばにいるのはまだ子どものきょうだいです。お母さんがどうやらなにか困っているらしいといち早く気づいて、どうしたんだろうと思い悩みます。自分がなにかしたのかな？　なにを困っているのかな？　なにを悲しんでいるのだろう？　などと考えます。

子どもが小さいときは、まだお母さん自身も混乱のなかにいます。その姿を近くで見るきょうだいは、ときに顔色をうかがっておもしろいことを言ってみたり、ときに優しい言葉をかけてみたりしながら、わからないながらもお母さんの役に立てないかと模索します。もっとお母さんの役に立てるいい子になろうと願ってしまうきょうだいもいるのです。

ヒント

自分のお母さんだから、お母さんがつらそうな様子を見るのは、自分にとっても悲しいことだって思いますよね。だから自分はもっとお母さんの力になろう、お母さんを困らせないようにしようと思っているんですよね。

いろんなきょうだいたちもそういうふうに考えている人が多いです。ただ注意したいのは、いい子になり過ぎてしまわないようにということです。お母さんだけではなく、きょうだいにも自分の気持ちがあって、その気持ちを大切にすることが必要なときもあると思います。そしてまだ子どもだから、できないことはたくさんあると思います。でも、だからってそれはあなたが悪いわけではありません。だって子どもなんですから、それは当たり前のことです。そして大人はあなたよりもっとできることがたくさんあって、自分で考えられるから大丈夫なはずです。

少し落ち込んだり悲しんだりすることはあっても、お母さんは強くてちゃんと自分で乗り越えていけるはずだから大丈夫です。だから、自分のことを後回しにせずに、あなたのことも含めてもっと一緒に考えてくれる大人が近くにたくさんいるといいなぁと思います。まだ自分が子どもだということを忘れないように。自分も助けてほしくなったときはきちんと大人に頼ることが必要です。

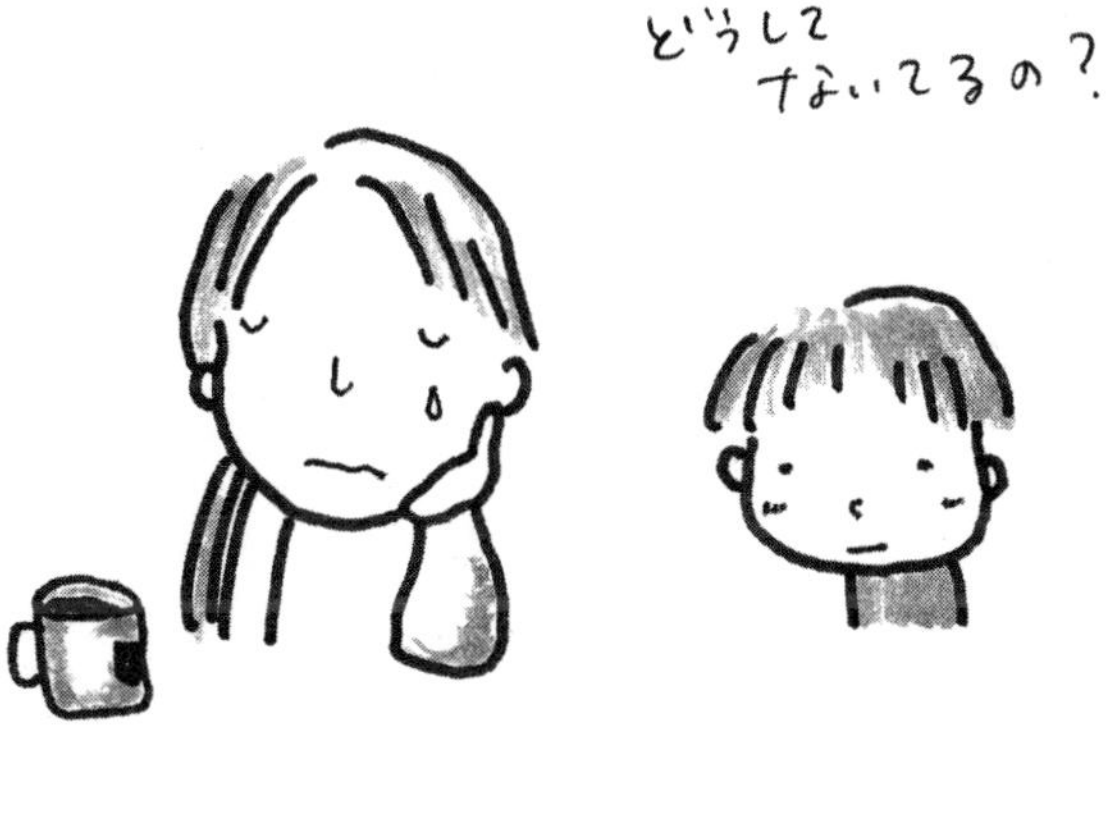
どうして
ないてるの？

COLUMN 1

お父さんお母さんへ「きょうだいだけの特別をください」

「障害」や「病気」があることは大変なことで、そのために一生懸命、両親がさまざまなことに立ち向かっているということを、きょうだいたちはわかっています。けれど「障害のない私は二の次」「親に大事にされていないのかな?」などと感じてしまうのはやはりさみしいことです。「仕方ないでしょ。がまんしなさい」という言葉だけではなくて、「なんでも障害のあるお兄ちゃんばっかり優先されるからくやしいよね」という気持ちに沿う言葉がほしいときもあります。

月に一度でも、週に数十分でもいいので「障害のないきょうだいのための時間」を作ってあげることができるといいなぁと思います。きょうだいにとっては、二人だけで話せる時間を作ってくれることや、そういった提案をしてもらえることだけでもすごくうれしいものです。好きな場所や、その子だけが連れて行ってもらえる場所を作ってもらえたら、自分も特別な一人として考えてもらっているのだという気持ちになれるかもしれません。

特別な時間を設定することが難しいのであれば、ちょっとした用事があるときに、意識してきょうだいを連れ出すということでもよいと思います。例えば、月に一度おばあちゃんの薬をもらいに行くとか、銀行にお金を支払いに行くとか、そういったときにきょうだいを誘い、「いつもは話せないから行き帰りに話す時間を作りたいんだよ」と伝えてあげることができるとよいと思います。

「お兄ちゃんばっかり」の気持ちが少しでも解消できるのならば、その時間をかけるだけの価値があると思います。そしてなにより一番大切なのは、その約束をきちんと守ることです。それが突然のお兄ちゃんの体調の変化で中止されてしまうのでは元も子もありません。だからこそ、そのことをお母さんだけではなく、お父さんにも知ってもらう必要もあると思います。それくらいきょうだいにとって大事な時間だということを、家族みんなで認識してください。

そういった「特別な時間」を通じて、自分の気持ちを大事に考える経験を積み、うまく気持ちを表現できる力となるとよいと思います。気になっていた疑問を聞くことができたり、自分の最近の変化を報告できることはなによりうれしいのです。

「きょうだいの会が、自分の特別な場所」と言うきょうだいもいます。きょうだいの会はきょうだいだけの会です。きょうだいの会がきょうだいにとって必要だと親がわかってくれていること自体がうれしいのです。そして、集合・解散場所まで親が連れて行ってくれること、どんなに障害のあるお兄ちゃんが「僕も行きたい」と言っても参加できなくて、自分だけが参加できる場であること、そういう特別なことはなによりうれしいものなのです。

エピソード

4 どうして弟はお話しできないの？

今日も幼稚園の運動会の練習をみどりぐみのみんなとがんばった。年長だし幼稚園の最後の運動会だから、おゆうぎやかけっこ、かりもの競争どれも楽しみ。お弁当もママがおいしいのをいっぱい作ってくれて、おじいちゃんもおばあちゃんも来てくれるって。みんな来るんだ。うれしいなぁ。だけど本当は、運動会は少しだけ好きじゃない。だって、運動会を見に来ている大人の人も子どももみんながうちの弟をじろじろ見るから。

年中のあかぐみにいる弟は、うまく考えていることを話せないし、ときどき「パニック」になって大あばれする。だからいつも幼稚園では、先生が弟をだっこしている。いつまでも赤ちゃんみたいなんだ。いつも大あばれしたあと、男の子が何人かで「バカみたい。なにか言ってもわからないし。障害だ！」とばかにしてくる。だからくやしい。本当にくやしい。あるとき、僕はママに「どうしてお話しできないの？　もう一緒に歩きたくない。ばかにされるんだもん！」って言った。そしたらママは泣いちゃった。だから僕は、どうしたらいいかわからなかった。ママを泣かしちゃった。どうしよう。ごめんなさい。でも本当は弟はなにも悪いことしてないのに。なにか悪いことしたのかなぁ。あばれちゃうからいけないのかなぁ。でもだからって、ママもパパも悪くないのに。僕が悪いのかな？　僕が悪いことしたかなぁ？　でも、どうして？「障害」ってなんなのかな？

解説

幼稚園に入ると、きょうだいの友人関係は広がります。そのため、ほかの家族との違いを目の当たりにするようになってきます。

きょうだいは、就学前ごろから自分の兄弟が周りの子と違うことや障害をもっていることに気づきはじめることが多いようです。しかし、小さなきょうだいがこれらに一人で直面し、考えることはかなり難しい課題と言えます。

ばかにされたりしたことは、親に伝えるかもしれません。でも、子どもによっては言えずに抱えていることもあります。それは親を悲しませたくないからでしょう。幼くても、自分が話してしまうことで、お父さんやお母さんが困った顔をしたり、つらい思いをしてしまうだろうとわかっています。だからこそ話さないで、がまんしてしまうのです。「ほかの家との違い」や「障害のこと」について一人で自分なりに考えをめぐらせてしまい、「自分があのときに頭をけったから、弟は話せないんだ」と自分を責めてしまっている子もいるのです。

ヒント

まわりの大人の人が、あなたの兄弟をじろじろ見ていたり、「なんだろう?」と思っていたり、「あなた、大変ね。がんばってね」と言われたりすると、やっぱり自分の兄弟がほかのおうちの兄弟と違うんだなあと思うことがありますよね。話ができなかったり、体が上手に動かなかったりして、ばかにされてしまったことがある人もいるかもしれません。

「どうしてそういうふうに言われるの？」と不思議な気持ちをもっているなら、周りの大人の人に相談してみるのが一番いいと思います。お父さんやお母さん、幼稚園の先生など、話しやすい人に聞いてみることもいいと思います。そのとき、「障害」という言葉が出てくることがあります。

「障害」は、けがのように手当てをしても治せない、体や脳のしくみがうまくはたらかず、生活するのになんらかの不都合があることをいいます。いろいろな障害があります。決してあなたや家族の人が悪いのではありません。悪いことをしたなんて考えることはないのです。でも、ほかの人はよくわかっていないから、単純に知りたくて聞いてしまうこともあるのだと思います。兄弟のことについて質問されたり、ばかにされることはこれからもあるかもしれません。だからこそ、説明できることも大事です。でも無理して質問に答えなくてもいいということも知っておきましょう。「知らない」「わからない」と答えてもいいんです。まだ子どもなら、そんなこと知らなくて当たり前なのです。

エピソード5

どうして一緒に遊べないの？

いつも一緒にいる私の弟のまあくん。まあくんはお話はできるけど、だいたい一人でいつもコマーシャルのまねをしたり好きな歌を歌ってにこにこしている。小さいときからいつもそう。私が「まあくん、どうしたの？」と聞いたり「今日ね、私ね、さっちゃんと遊んですごく楽しかったんだよ。で、さあ……」と話しても、まあくんはほんの少しだけ私を見てくれるけれど、「おや？」という顔だけして終わってしまう。そしてすぐに、また手をふりふりしながら歌っている。いつもそれだけで終わってしまうから、私はなんだかさみしい。いつもそうだから、もうあきらめているんだけど。でも、まあくんは自分がなにか食べたいときや、好きなテレビのときにはご機嫌になって、私やママの近くに来てお話をしてくれる。見たいテレビがあるときには「テレビ！　スイッチ！」って言ったり、大好きな駅前のドーナツ屋さんに行きたいときに「○○ドーナツ！　食べる？」とか、ほかにもいろいろあるけど、いつも自分がほしいことだけなんだ。

この前、仲良しのさっちゃんの家に行ったら、さっちゃんはさっちゃんのお兄ちゃんととっても仲良しだった。さっちゃんのお兄ちゃんはずいぶん優しいなぁって思った。私にもあんなお兄ちゃんがいたらいいなぁ。お兄ちゃんがいたらすごく楽しいだろうなぁ。私にだって、弟のまあくんがいるけど、私はまあくんと遊んでいても全然楽しくない。一緒に遊んでいても、いつも遊びは急に終わりになってしまうし、一緒に遊ぼうと思っても、すぐにまあくんがどこかに行ってしまうから。

解説

それまでは「(障害のある)兄弟と遊びたい」とはっきりと思っていなかったのに、友達の家に遊びに行って、その家族の様子を見たことをきっかけに、自分も「兄弟と遊んでみたい」と思うこともあります。それまでは、いつも一緒にいたけれど弟とはどうせ遊べないものと思い込んでいて、一緒に遊ぶということをはじめから考えたこともなかったというきょうだいもいます。

年齢が少し離れているきょうだいのなかには、「弟がかわいくて、いつも一緒に遊んであげたいと思っていたけど、なかなか遊んであげられなかった」と言う人もいます。「一緒に遊びたい！弟を喜ばせたい！」という気持ちは当たり前の気持ちだと思います。でも、障害のある兄弟の場合、コミュニケーションをとることが難しい場合も多く、「一緒に遊びたい」と思っていても、遊ぶのが難しいこともあります。でも、「障害があるために一緒に遊ぶのが難しい」ということがわからないために、「自分がうまく遊べないから悪いのかな?」と自分を責めてしまうこともあるかもしれません。

ヒント

ほかの家に遊びに行ったときや買い物に行ったときに、友達がその子のお兄ちゃんやお姉ちゃんと仲良さそうにしている様子を見たら、「障害がなかったら、あんなふうに仲良くできるのかな？」とつい考えてしまうかもしれません。「なんでそんなふうにできないんだろう」と思ったりもしてしまいますよね。「でも無理だな。考えるのはやめよう」とも思うのではないでしょうか。

障害のある兄弟姉妹がいる人たちの多くは、一度はそんな気持ちをもったことがあるようです。そんな気持ちが出てきたら、近くにいる信頼している大人に一度相談してみてもいいかもしれません。もしかしたら、あなたの気持ちを考えて、仲良く遊べるうまい方法を一緒に考えてくれるかもしれません。でも、大人でもなかなか難しいこともあるから、すぐには見つからないかもしれません。でも、仲良く一緒に遊びたいという気持ちは大切だと思います。みんなで知恵を出し合って、障害のある弟や妹と一緒にできる遊びを考えたり、それをきょうだいも一緒に楽しめる方法を探すことができればいいなぁと思います。

読むから聞いてよ.

エピソード 6

どうして同じ幼稚園に通えないの？

僕と弟は二歳違い。僕は家のすぐ近くの幼稚園に通っている。隣の家のまさや君も同じ幼稚園。近所の友達も一緒に通っていて、幼稚園が終わってからもその友達の家に行ったりする。初めは幼稚園に慣れなくて家まで走って逃げてきたこともあったけど、歩いて通えるこの幼稚園が今は大好きになった。だからもちろん弟も同じ幼稚園に通うと思っていた。

ある日、「弟は隣の区の幼稚園に通うことになったから」とお母さんが言った。隣の区の幼稚園までは自転車で三〇分くらいで、お母さんが毎日自転車に弟を乗せて幼稚園まで送って行くらしい。弟は自分で靴がはけなかったり、ほかにもできないことがいろいろあるから、僕の通っている幼稚園には入れてもらえないらしい。

弟と手をつないで僕の大好きな幼稚園に一緒に行きたいと思っていたから、僕はその話を聞いてがっかりした。なんで弟と僕は一緒の幼稚園に行けないんだろう……？

そんな僕の気持ちを知っていたのかはよくわからないけど「これからは弟の幼稚園の送り迎えをしなくちゃいけないから、帰ってくるまでお兄ちゃんはまさや君の家で遊んで待っていてね」とお母さんはそう言った。

解説

せっかく「弟と一緒に幼稚園に行くんだ」と楽しみにしていたきょうだいにとって、一緒に行けないことがわかるとなによりさみしいものです。この年代のきょうだいは、自分の障害のある弟も自分と同じ幼稚園や学校に通うものだと思っています。しかし、障害があるために同じところに通うことができない場合があります。また、反対に障害のある兄が通っている通園施設に自分も通うのを楽しみにしていたのに、「そこには、あなたは行かなくてもいいのよ」と言われてしまうこともあります。そのときは、まだ兄弟の障害のことやほかの人との違いを、あまりよくわかっていないので、「どうして自分とは違うところへ行くの？」という疑問をもってしまいます。

このエピソードのように障害のある子を受け入れてくれる幼稚園が自宅から離れたところにある場合には、その送り迎えで親や障害のある兄弟が自分とは別行動をするため、きょうだいはそれによってもさみしい思いをしてしまうかもしれません。どうして障害のある兄弟と同じところに通うことができないのか、どうしてお母さんは弟の送り迎えをしているのに、自分だけ一人で通わなくてはいけないのだろう……？　理解できないことが増えるぶん、さみしさはどんどんアップしてしまいます。

ヒント

一緒の幼稚園に行けると思って楽しみにしていたのに、一緒に行けないのはさみしいことですよね。

お母さんは、子どもだから説明してもわからないかもしれないと思って、詳しく話してくれないのかもしれません。だから、まずは「どうして同じ幼稚園じゃないの?」とお母さんに聞いてみましょう。そしてそのときには「僕は一緒に行けると思ってたのに、そんなのさみしい」と、自分の気持ちもきちんとお母さんに伝えることも大切です。

でも、自分の気持ちがうまく言えなくて「あんな幼稚園は変だ」「うちの幼稚園の先生のほうが優しい」なんてついつい言いたくなってしまうこともあります。私も小さいころ、そんなふうに文句を言ってみたことがありますが、それではうまくお母さんに伝わらなかったのです。

確かに、お母さんに「同じがいい」と言ってみても、結局はだめなこともあります。それは「大人の事情」で、お母さんにもお父さんにもどうしようもないことなのかもしれません。だから、最後はあきらめなくてはいけないことなのかもしれないけれど……。

ここで一番大事なのは「同じところに通いたかった」「僕はさみしい」と思っていることを、お母さんお父さんに知ってもらうことです。それを一人だけで心の中で「どうして?」「さみしい」と思い続けないで伝えていくほうがいいと思います。

ぼくも てつだって
ほしいよう.

エピソード

7

弟はずっと歩けないの？

いつからかわからないけれど、私は弟がこの先も歩けないことがなんとなくわかっていた。きっと弟は話せるようにならないということも、どこかでわかっていたと思う。お母さんが私にそう話したような気もするけど、よく覚えていない。私がもっと小さいころ、弟はよくお母さんと入院して検査したり、薬を飲んだりしていた。だから、弟には具合の悪いところがあるんだろうと私は思ってた。誰かに詳しく聞いたことはないと思う。

聞こうと思ったこともない。なんとなく聞いてはいけない気がしたから。お父さんとお母さんがまじめな顔して病院の先生とお話ししているのをほんの少し聞いていただけ。看護師さんや親戚のおばさんに「お母さんは大変なのよ。だからあなたはお母さんを助けていってあげてね」って言われたから、弟はみんなが言うようになんだか大変らしいし、お母さんを気づかってあげないといけないって思っていただけ。

あるとき、私は弟とお母さんに連れられて、障害のある人の家族の集まりに行った。そこでは弟よりずっと大きい歩けない人とか、お話しができない人がその人の家族らしい人たちと来ていて、私ははじめて障害のある人をたくさん見た。「弟はこの人たちの仲間なんだ。こういう大人になっていくのかな?」って、そのときはじめて思った。

年上の障害者を目にすることで「あぁ、弟はこの先もずっと車いすなんだな」と感じることがあります。幼いころ、障害というものをどう感じているのか、それはわかるようでいて、実際はよくわかってはいないのです。大人たちが話しているのを聞いたような気がするという人もいるし、かしこまって教えられたという人もいます。誰にも教わらなくても、どこかで弟はこういうものなのだと、納得していたというきょうだいもいます。「僕は、よくお母さんが電話している声を聞いていたから、その話のなかで『ダウン症』っていう言葉を知ったと思う」「私のお兄ちゃんは音が苦手だったから、テレビを見るときは必ずヘッドフォンをしていたけど、ほかの家では違うんだね」と話すきょうだいもいます。

解説

それは、障害の種類によっても違うのだろうと思います。発達障害のような傍目にはわかりにくい障害は、幼いきょうだいにとっては理解するのが難しいかもしれません。そして、成長とともにきょうだいは、自分の兄弟姉妹の障害というものがなくなったりするものではなく、それを持ったまま大人になっていくのだと実感することになります。それを知っていく場面もさまざまかもしれません。同じ学校に行けないのだと知るときや、話せるようにはならないのだとわかるとき、できないところに配慮する親の姿などで、徐々に知っていくようにも思います。特に同じような障害を持つ大人の存在を知ったときに、わかることもあります。

ヒント

幼いころからたくさんの情報があったとしても、障害について理解していくのはある程度大きくなってからなのかもしれないと思います。成長するにつれてだんだんと「あぁそういうことだったのか」と自分のなかの謎が解けていくようになっていくはずです。まだよくわからないことが多すぎると、「なにが知りたいのか？」「なにがわからないのか？」――それすらよくわからなくなってしまって不安になりすぎることもあるかもしれません。知りたいと思うときは、まずは大人に聞いてみましょう。お母さんやお父さんにうまく聞けなくても、病院の先生に聞けるなら、「弟は話せるようになりますか？」と聞いてみてもいいと思います。そして、情報にふれられるようなことをしてみるのもいいかもしれません。テレビを見てみたり、本を読んでみたりしてはどうでしょうか。最近は、子ども向けの障害についての説明の本もたくさんあるので、図書館で探してみるのもよいかもしれません。そういうものを探しながら、知りたかったことを見つけたり、疑問に感じていたことがわかったりすることがあります。そういう本をきっかけにお母さんと話す機会を見つけてもいいかもしれません。今は全然わからなくても、だんだんわかるようになると思うので、不安になりすぎなくても大丈夫ですよ。

エピソード

8 どうして僕だけ怒られるの？

お兄ちゃんのしていることはなんでもかっこいい。高い所からジャンプしたり、大きな水たまりにスライディングしたり。お兄ちゃんがゲラゲラ笑うから、僕もすごく楽しくなっていつも一緒に笑う。

お兄ちゃんは頭を振りまわしながら、くるくる回るのもすごくうまい。僕もまねっこするけど、すぐに目が回って立っていられない。床に倒れて、目の周りの景色がグルングルン回っているのに、いつまでもお兄ちゃんは回り続けている。なんでお兄ちゃんは目が回らないんだろう。やっぱりうちのお兄ちゃんはすごいんだよな。遊園地のバイキングも全然こわくなくて何回でも続けて乗れるんだよ。ゾゾッてなる、僕がすごくこわくなっちゃうところで、お兄ちゃんは立ち上がって「ヒャー」って盛り上がって笑うんだ。僕もお兄ちゃんと同じくらい大きくなったらできるようになるのかなぁ。

プールも「飛び込み禁止」って書いてある看板の前で堂々と飛び込んじゃう。みんながうらやましそうな顔で見ている。僕もしたい！　だけどお母さんがいつも怒る。僕がお兄ちゃんと一緒になってするとすごく怒る。「なんでだよ！　僕もしたいのに！」。いつもお母さんは「あなたはダメなの。やめなさい」って言う。「お兄ちゃんはいいのに、なんで僕はダメなの？」と聞くと「あなたはわかるんだから。ダメ！」ってこわい顔をする。

このあいだもお兄ちゃんがドアに頭をガンガンぶつけて遊んでるから、僕もやってみたくなって隣に並んでガンガン頭をぶつけてたら、お母さんが「なにしてるの！　やめなさい」って、また僕だけを見て怒った。くやしくなったから、もっとぶつけたら頭がすごく痛くなった。そしたらなぜだか隣で、お兄ちゃんが泣きだしちゃって、「ほら～まねするからでしょ！」ってお母さんがもっとこわい顔で僕をにらんだ。泣きたいのは僕なのに。ずるい。お兄ちゃんだけが楽しいことばっかりして、お兄ちゃんはどんなに楽しいことをしても怒られないのに、なんで僕ばっかり怒られるんだ。とうとう僕もがまんできなくなって、お兄ちゃんよりもっと大きな声を出して泣いてやった。そしたらお母さんからゲンコツ。「あなたはもっと小さい声で泣きなさい」。もう僕ばっかり。ひどすぎる。

解説

障害のある子がすることは、年齢が小さいきょうだいにとっては魅力的な場合があります。お兄ちゃんがなかなかブランコを友達に代われなくて、なんとか交代するルールを覚えてもらおうとお母さんがその方法を練っているとき、障害のない弟には「あなたはお友達が待っているのがわかるでしょ。お母さんが言っていることわかるよね。お兄ちゃんは代われないけど、あなたは代わりなさい」と言い聞かせれば、しぶしぶ弟は代わらざるを得ません。「なんで自分だけ代わらなくちゃいけないんだ」と弟は思います。

食べ物への過敏さが強くて偏食の兄がいる場合、「お兄ちゃんは食べなくてもいいけど、あなたは食べなくちゃダメ」というふうに言われると「なんで自分だけ……」と弟はまた思います。「お兄ちゃんが靴下をはくのは難しいから手伝うけど、あなたは自分ではかなきゃダメ」「どうして自分だけ一人でしなくちゃいけないいんだろう」。障害の程度がはっきりしていて、「お兄ちゃんはうまくできないから仕方ない」などと自分の気持ちを整理できる年齢になっていればいいのですが、自分とあまり変わりないときょうだいが思っている場合は「なんで自分だけ」と思うことが多く、不公平に感じてしまいます。いつも自分ばかりが損をしていて、いつも自分ばかりが怒られて、自分ばかりが大事にされていない……。そう思ってしまうのは残念なことです。

ヒント

確かに、お兄ちゃんのしていることはかっこよくて魅力的に見えますよね。

弟からすると、あこがれの、自慢のお兄ちゃんなのかもしれません。お兄ちゃんと一緒に楽しめるのは、すごくいいことだと思います。今のその時間をいっぱい大事にしていいと思います。

ただ、その遊びがどんなにすごく楽しくてかっこよくても、周りが困ってしまうことだったりすると、どうしてもお母さんは怒らないといけなくなるということもあります。怒られるのが自分ばっかりだと不公平だと思うのももちろんのことだと思います。

でもこれから先、お兄ちゃんもいっぱいいろいろなルールを覚えていかなくてはいけなくなると思います。お兄ちゃんがルールを覚えられなくて、お母さんもお兄ちゃんも困ってしまうこともあるかもしれません。もしかしたらそのときに、あなたが「こういうふうにするといいよ」とお兄ちゃんに教える役割をお母さんにお願いされたりするかもしれません。そのときこそ、「しょうがないなぁ」と言いながらも引き受けてあげて、今までの怒られたぶんをお母さんにほめてもらうというのも一つです。

エピソード 9

どうして お兄ちゃんは 自分の頭を たたくの？

お兄ちゃんは金曜日のドラえもんが大好きでドラえもんを見ているとご機嫌になる。でも、ナイター中継とか特別番組でドラえもんが中止になると、すごく大変なことになる。お兄ちゃんは泣きながらすごい勢いで頭を壁に何回もぶつけてしまうんだ。この前は窓ガラスに頭を打ち付けてしまって、ガラスが割れて、お兄ちゃんの頭から血が出てしまった。それを見ていると僕はとてもこわくなった。お兄ちゃんも自分の頭がすごく痛いと思う。どうして自分でそんなに強く頭をぶつけるのか、僕にはそれが不思議だ。あまりにも頭を打ち付けることが多いから、頭にラグビー選手のヘルメットみたいな帽子をかぶることになった。それでもまだお兄ちゃんは、機嫌が悪いとすごい勢いで頭を打ち付けてしまっている。

だからお兄ちゃんの頭はこぶだらけで腕もかんだりするから、体じゅうが傷だらけだ。お母さんやお父さんは「私たちがたたいているみたいですごく嫌」と言っている。僕もお兄ちゃんをたたいているわけではない。「家でケンカしているの？」ってお兄ちゃんの学校の先生やお兄ちゃんのプールの先生に言われたらどうしよう。「お兄ちゃんが自分でたたいてる」って言っても信じてもらえないだろうな。

僕もお兄ちゃんがなんで頭を打ち付けるのかわからない。

解説

　自分で自分の頭を強くたたいたり、自分をかんだりする行動をいつも目の前で見ているきょうだいは、心を痛めていたり恐怖を感じていることもあります。なにかきっかけがあるとわかっていても、自分で自分を傷つけている姿は、見ていてつらいものがあります。まして、きょうだいからすると、突然なんの前触れもなしに自傷行為が起きてしまったり、いきなりたたかれてしまうときもあります。そのとき、きょうだいは「なんで僕がたたかれるのか？」「僕が嫌われているからか？」という疑問を持ったり、お兄ちゃんが自分で自分を傷つけてしまっていること自体をもしかするときょうだいである自分がなにか悪いことをしたせいなのかもしれないと理由づけて、自分を責めてしまうこともあるかもしれません。自分が自傷行為に対してなにもできないことにも申し訳なく感じてしまうこともあります。

　また、体じゅうがアザだらけという場合は、「家の中で虐待……」という周りからの誤解を招きかねないですし、「弟がいじめているのではないか」という疑いをかけられてしまう可能性もあるので、周りの疑いに対しても説明をしなければならないこともあります。

ヒント

　いきなり自分の頭をたたきだすのを見たらびっくりするのは当然です。とても痛そうで、体じゅう傷だらけなのを見るとこわくなったり、かわいそうに思いますよね。お母さんやお父さんもどうしたらいいのかわからなくて動揺しているのを見ると、余計にこわくなってしまうこともよくわかります。でも大丈夫です。お兄ちゃんが気持ちを発散し終えたら、ちゃんと大けがをする前には止まります。そうすれば、大人が傷の手当てをしてくれます。まずは、自分が危険な目にあわないように安全な場所にいましょう。お母さんもどうしたらいいのかわからないことも多いかもしれませんが、「なんでお兄ちゃんはいきなり自分の頭をたたくの？」って、落ち着いたら聞いてみるといいと思います。お母さんが「お兄ちゃんは赤ちゃんの泣き声がすると頭をたたくんだよ」とか、どんなときにそうなるのか教えてくれるかもしれません。結局は頭をたたくのをやめられないかもしれないけど、どういうときに頭をたたくのかがわかったら、少しは心の準備ができるかもしれません。

もしたたかれて嫌な思いをしたら「たたかれるのいやだ」とお母さんたちにきちんと伝えたほうがいいと思います。

お兄ちゃんの傷をほかの人が見て「弟がけんかしてたたいたんじゃない？」と言われてしまうのは困りますよね。本当はお兄ちゃんが自分でたたいたのですから。そんなときには「お兄ちゃんの傷は自分のせいじゃない」ということを、きちんとお母さんやお父さん、先生たちに言ってもらうようにしましょう。

どうして泣いてるの？

エピソード

10 僕にも「発作」は起こるの？

うちの兄ちゃんは、「発作」っていうのにときどきなることがある。発作は、それまで元気に僕と遊んでいた兄ちゃんが急に真顔になって手をビクン、ビクンとさせるやつだ。そうなったときは、僕は急いでママを呼ぶ。そしたらママが駆けつけて、兄ちゃんの部屋に兄ちゃんをだっこして連れていく。そのときのママは何も話さず、とてもおっかない顔をしているので、僕はこわくて固まってしまう。何か大変なことでも起こるのではないかっていう気がして、僕はものすごくドキドキする。そして「兄ちゃん死なないで」って神様にお祈りする。なんだかいつもそのまま死んじゃうような気がしてこわくなる。しばらくして、兄ちゃんがすやすや眠ると、ママが「お兄ちゃん、もう大丈夫みたいだよ」とにっこりとする。そこでやっと僕は、ほっとする。こうなったら大丈夫なんだ。あぁよかった。もうびっくりしちゃうよ。

実は、僕はこわくていつもドキドキしてるっていう話は、ママにはしたことはない。死んじゃうんじゃないかって心配してる話も言ったことはない。そんなふうにママに言ったらママはびっくりしちゃうのかもしれないから。

最近、寝る前に、もしかしたらいつか僕も兄ちゃんみたいに、発作になってしまうんじゃないかって考えたりする。そう考え出すと、すごくこわくなって眠れなくなってしまう。だっていつも兄ちゃんはすごく苦しそうに見えるから、発作になったらとっても苦しいのかもしれない。兄ちゃんは、手や足がビクンとなるだけのときもあるけど、一年に何回か、体全部がふるえることもある。僕もそういうふうになるのかな？　僕も発作になってしまったらどうしよう……。ママは困ってしまうかな。あのおっかない顔をして僕を布団に寝かせるのかな。すごく心配で眠れなくなって、僕は布団の中で悩んでしまうんだ。

解説

障害のある兄弟と日々一緒に暮らしていて、てんかん発作を見て育っているきょうだいでも、てんかん発作についてすべてを知っているわけではありません。わからないけれど小さい子どもなりに考えた結果、いつか自分にも発作が起こるのかもしれないと勝手に思い込んで、不安に思ってしまうこともあるのです。発作や障害について正しい知識がないきょうだいは、兄弟姉妹が発作を起こしている様子にふれるなかで、自分のなかにある知識を総動員して、目の前の発作という現象を理解しようとがんばります。その結果、大人では考えつかない考えを作り上げ、不安になってしまうことがあります。早めに正しい情報を知ったほうが、子どもの想像力から作り出された誤った勘違いによる不要な不安な時間は減らすことができます。

お母さんたちが深刻そうだから、そういった話題を口にしてはいけないと子どもが思ってしまっている場合、なかなか子どもはその疑問や不安が口に出せないこともあります。

ヒント

きょうだいに突然、発作が起こることはありません。

もし、それでも起こるんじゃないか、といろいろ気になることが出てきたときは、お父さんやお母さんに聞いてみましょう。不安なことを隠すことはあまりいいことではありません。いつも一緒に暮らすお兄ちゃんが大変になっているのを見ているのですから、不安に思うのは当然のことです。

聞くことは悪いことではありません。だから、まずは不安に思うことを、お父さんやお母さんに聞いてみてはどうでしょう。でも、お父さんやお母さんにもわからないこともあるかもしれません。そのときはきっとお母さんたちが、調べてくれたり、詳しい人に聞いてくれると思います。

エピソード

11

「パニック」のときはどうしたらいいの？

僕のお兄ちゃんは体も大きくて、力持ちなんだ。買い物のときなんて、僕が持てないくらい重い袋をお兄ちゃんは持ってくれる。いつも僕が困っていると助けてくれる、優しいお兄ちゃんなんだ。あるとき、お兄ちゃんと二人だけで近所のコンビニに出かけたら、お兄ちゃんが突然耳をふさいで大声を出して足をバタバタさせはじめた。お店の人もお客さんたちもびっくりした顔で見てくる。お兄ちゃんはときどきこういうふうになってしまう。お母さんと一緒だったら、お母さんと一緒にお兄ちゃんをすみっこに連れて行って、なんとか収まるまで待っているんだけど、そのときは僕とお兄ちゃんの二人だったからすごく焦った。困った僕は、それでもとりあえずベンチがあったから、なんとかそこまでお兄ちゃんを連れて行って、二人で座った。

それでもまだじろじろ見てくる人もいたけど、僕はそっちを見ないようにした。そして（お願いだからお兄ちゃん静かになって）と心の中で祈った。しばらくしたら、やっとお兄ちゃんも落ち着いてきた。もう大丈夫だ。大ごとにならなくてよかった。僕はすごくほっとした。

いつものお兄ちゃんは優しいけど、パニックのときだけは僕が近くに行くとたたかれたりけられたりする。僕はもう平気だし、うまく逃げることもできるけど、外だと周りの人がびっくりしちゃうから困るんだ。お兄ちゃんのことは大好きだから、本当はもっと一緒に出かけたりしたいけど、こういうパニックが起きてしまったら僕は困っちゃうから、あまり二人では出かけられないって思うんだ。パニックがなかったらいいのにな。パニックは薬で治るのかな。

解説

パニックは、理由もよくわからないまま突然起こってしまうことも多いので、一緒にいるきょうだいはとても驚いてしまいます。家の中でもいきなりはじまってしまうと、その激しさや急激な変化に、どうしていいかわからず困ってしまうこともあります。特に、外に出かけているときにパニックが起きてしまうと、周りへの影響がとても大きいため、いっそう大変になってしまうこともあります。大人であるお母さんやお父さんもパニックになってしまった本人を落ち着かせながら、周りの人たちに謝ったり、説明したりすることに、苦慮することも多いかと思います。

せっかく家族で動物園などへ出かけても、パニックがはじまってしまったせいで、来たばかりなのに帰らなくてはいけないこともあります。きょうだいにとっては、周りの人の目や親の必死な様子、兄弟の状態、楽しみを奪われたことなどが重なり、家族で出かけた思い出がとてもつらい経験になってしまうことがあります。そういったことが続いてしまうと「もう一緒に出かけるのは嫌だ！」と言いたくなることもあるでしょう。

パニックがはじまると、いつもと違うお兄ちゃんに変わってしまうことも、きょうだいにとっては理解に苦しむところです。「僕のせいなのかな？」と思うこともありますし、「どうしてこうなったの？」と困惑してしまい、気持ちを落ち着かせるには努力が必要です。自傷行為のあるパニックは見ているのもつらく、すぐにやめてほしいのに、どうしていいのかわからずきょうだいは戸惑ってしまいます。「自分はなんでお兄ちゃんになんにもしてあげられないのだろう」と落ち込んでしまうこともあります。自分がなにかきっかけになるような行動をしてしまったと思って、自分を責めてしまうこともあるかもしれません。

ヒント

お兄ちゃんが突然暴れ出してしまうのを見るのはびっくりします。外で暴れ出してしまうと、一緒にいるととても困ってしまいますよね。

それを考えてしまうと、お母さんや頼れる大人がいない二人だけのお出かけが不安だと思うのは仕方ないことです。本当は二人で出かけたいと思っても、そうなるとものすごく困るから「もうお兄ちゃんとお出かけするのはやめる。もう行かない」と言いたくなってしまうのもよくわかります。お兄ちゃん自身もどうしてパニックになってしまうかよくわかっていないことも多いと思います。

もし困ってしまうことが起きたら、まずはお母さんに「僕すごく大変だったんだよ」と伝えたほうがいいと思います。そして「こんなときはどうしたらいいの？」と聞いてみましょう。「何かあったらすぐにケータイにメールして」と言ってくれるかもしれません。それなら少しは安心できるでしょうか？　それから「パニックはどんなときに起きるの？」ということも聞いてみましょう。「犬が近くに来る」「いつも買っているジュースが品切れ」なんていう「きっかけ」を教えてくれるかもしれません。お兄ちゃんの行動にも「どうしたらいいかわからなくなって、パニックになってしまう」ヒントがあるかもしれません。

それから、もしパニックになってしまったときには、どうしたらいいかをお母さんと相談しておくと少し安心かもしれません。「人のいないほうに行く」「ベンチを見つけて座る」……難しくない、できそうなことをお母さんと一緒に考えておけるといいですね。もしかしたらお兄ちゃんは、パニックが少なくなるような薬を飲んでいるかもしれません。できるだけパニックにならないような方法をお母さんやお父さん、病院の先生や学校の先生たちがみんなで協力して考えてくれていると思うので、それは大人たちに任せて、安心してお兄ちゃんと楽しい時間を過ごしてもらえるといいなと思います。

エピソード

12 障害があるのはかわいそうなことなの？

「目が見えないなんて！　なんてかわいそうなの！」。そう言ってハイジがわんわん泣くのを僕は何回も見た。ハイジは、おばあちゃんの目が見えないって知ったとき、すごくびっくりして、「どうして見えないの？」「見えないの？」「このきれいな夕焼けも見えないの？」って聞いて、「見えないんだよ」って答えたおばあちゃんに抱きついて、「目が見えないなんてかわいそう」って泣いていた。僕はそんなことを言う人をはじめて見た。

僕のお兄ちゃんは目が見えない。生まれつき目が見えないけれど、僕はそんなことを考えたことがなかった。お兄ちゃんは上手に壁やテーブルをさわりながら歩くからぶつかったりすることはないし、家の中のいろんなものの位置はだいたいわかっている。二階にあるお兄ちゃんの部屋から、階段を下りてトイレに行くなんてことも一人でできる。

だから、最初はその意味がよくわからなくて、僕はそのセリフのシーンを何回も見た。「目が見えないなんてかわいそう」っていう言葉が頭の中をぐるぐる回った。かわいそうって？　かわいそうなの？　お兄ちゃんがみんなとは違って目が見えないこと、だからできないことがあることはすごくかわいそうなことなんだ。周りの人はそう思うんだ。そういうことなんだって思った。

はたから見ると、障害があるということは、できないことや苦手なことがあるために不便に思え、不憫に映ることが多いのかもしれません。

赤ちゃんのうちはできないことがあってもお母さんが世話をすることは当たり前のことでなんの疑問ももたないと思います。でも、きょうだいは大きくなるにつれ、お兄ちゃんは一人でできるはずのことができなかったり、障害があることで自由にやりたいようにはできずに人の手を借りなくてはいけないことがだんだんと増えていくことを知ります。

解説

障害のある兄弟と一緒に暮らしていると、きょうだいにとっては不便ながらも工夫して過ごしている兄弟の姿が当たり前で、そこになにか大きな障壁があるということは気づきません。ですから、周りの大人やテレビアニメの主人公の反応を知ってはじめて驚くのかもしれません。

「障害がある」ということに対しての社会の見方や受け止め方を知ったとき、きょうだいは驚き戸惑います。今後も、周りの人たちから社会が考える「障害」や「障害のある人」への反応を知り、自分の気持ちとの狭間で困惑したり、理解したりしながら、きょうだいたちは大きくなっていくのです。

ヒント

最初はすごく驚いたかもしれません。もしかしたら、「お兄ちゃんはかわいそう」と思う人がいると知ったことで、お兄ちゃんに対する見方が少し変わってしまうような感じを受けるかもしれません。

でも、だからといってお兄ちゃんを「かわいそう」と思う必要はないし、そんなふうに見方をがらりと変えてしまうことはないと思います。「かわいそう」という言葉がぐるぐる回るのはつらいかもしれませんが、ゆっくり、お兄ちゃんのことを見ていきましょう。目は見えないけれども、家の中でなんでもできるお兄ちゃんとして、今までの見方や自分の感じ方をきちんと信じていていいと思います。それが君の大好きなお兄ちゃんですから。

よくよく考えたら、お兄ちゃんは目が見えないのにいろいろなことができるなんて、実はすごいことなんじゃないかと思えてくるかもしれませんね。

しょうがい
じへいしょう

COLUMN 2

誰かが教えてください「障害っていったいなに？」

「小さい子どもには、まだわからないだろう」と、きょうだいにはなんの説明もないということが多くあります。障害のことや病気のこと、病院のこと、特別支援学校のことなど、きょうだいの疑問や不安は、大人に説明してもらえることで薄らぐように思います。理解するのが難しかったとしても、「自分の思いに気づいてくれた」「説明してくれた」という経験が大きな安心につながっていきます。

幼いきょうだいに対しては、目の前で起きている具体的なことから話をしていくほうがわかりやすいと思います。そこから、「どうしてうまくできないのかな?」と家族で考えたり、「電車の名前や駅の名前を覚えることは本当に得意だよね」などと話していけると、きょうだいもいろいろ考えたり、思っていることを話せるようになります。「(障害のある)弟の言葉が増えてきて、私の名前を呼んでくれてうれしかった」と話してくれるきょうだいもいます。兄弟姉妹の「得意なこと」をともに喜びあったり、「苦手なこと」を確認したり、「できないことを助ける方法」を考えたりすることは、きょうだい自身が周りの人に話さなくてはならない場面などでは、うまく説明をするための言葉の練習にもなり、とても役に立ちます。

大人が上手に説明できないときは、障害について子どもが知ることができるイラスト入りのわかりやすい本もあります。両親が「きょうだいにどんなふうに話そう?」「なんて答えよう?」と事前に準備をしておくことは大切なことかもしれません。障害や将来のことを詳しく聞かれたとき、心の準備ができていないと両親の不安が混ざってしまって、拒否したり、迷惑がったり、怒ったりしてしまうこともあります。そうならずに、優しく答えてもらえることや、隠さないで話せる雰囲気があることはとても大事です。それが、この先家族のなかで困った場面に出会ったときなどに、すぐに話し合えることにつながり、その家族の助けとなります。もし両親にも答がわからないときやつらくて話せないときも、その質問をないがしろにせずに、「まだわからないんだ。もう少し調べてみるからね」と、伝えてあげることも一つだと思います。

また、自傷行為などを目にすることは、家族にはつらいことです。自傷行為を止めるのは、大人にとっても難しい場合もあり、ときには、止めようとしてけがをしてしまうことさえあります。たとえきょうだいに手を出すことはなくても、見ているだけできょうだいは不安に思ったり、恐怖を感じていることがあります。そうなる事態に備えて、事前にきょうだいが逃げ込める安全な居場所探しをしましょう。カーテンの中でも、自分の部屋でも、ベッドの中でも、ソファの裏に隠れるのでもいいでしょう。「どこがいいかな?」ときょうだいと一緒に考えてみるのも一つの方法です。そして、自傷行為が落ち着いてから「お兄ちゃんはなにが嫌だったのかな?」とか「いきなりでびっくりしたよね?」というような声をかけながら、そのことを話せる時間を確保できると恐怖は少し和らぎます。傷の心配をしてくれるきょうだいには、その優しい気持ちを受け止めて、「(自傷行為を)止められなかったとしても、自分を責めなくていいんだよ」というメッセージもぜひそのときに伝えてあげてください。

2 小学生から中学生

学校に入るとたくさんの友達と出会います。

友達をとおしてほかの家族や兄弟関係を知り、自分との違いや世間からの見られ方に気づく場面も増えてきます。

エピソード 13

お母さんとゆっくり話す時間がほしい

お母さんはいつもお姉ちゃんと一緒だから話しかける暇がない。私が「お母さんあのね……」って話しかけても、その横から「あたしねあたしね」とお姉ちゃんが大きな声で話しまくる。その声があまりに大きくてうるさいので、私の声はかき消されてしまって話せなくなる。負けないで話そうとしても二人の声がどんどん大きくなってくるので、お母さんから「うるさい。後にして」って怒られちゃう。「後で」って言っても……いったいいつ話しかけたらいいんだろう。

いつもお母さんの横にはお姉ちゃんがいて、ご飯を食べるときもお風呂に入るときも二人は一緒。お母さんと話したくてお姉ちゃんが寝るのを待っていたのに「いつまで起きてるの？　早くしなさい」って怒られてしまって、あきらめて寝るのはいつものこと。

お母さんと話せる時間は貴重だから、どうでもいいことなんて話している場合じゃない。先生に伝えなくてはいけないことの確認や、学校に提出しなくてはいけない書類の説明をしなくてはいけなかったり、学校で必要なものを買うためのお金をもらわなくてはいけなかったり……。話しかけるすきを探すのも結構大変なのだ。でも本当は、もっと普通のことを、いっぱい話したい。

「前にケンカしちゃったみゆきちゃんが昨日話しかけてくれたから、また仲良くなれたんだよ」「朝一緒に学校に行くまきちゃんと、このあいだ同じ消しゴムを一緒に買ったんだよ」「先生に赤ちゃんが生まれて、その子の名前が私と一緒だったんだよ」。本当はもっといろんな話をしたい。本当はもっといろんな話を聞いてほしい。お母さんがにこにこしながら、ゆっくり私の話を聞いてくれたらいいのに。

実は、私には一年に二回だけお母さんとゆっくり話せる時間があって、私はその時間をすごく楽しみにしている。それは学校の三者面談の日。お母さんが学校に来て、先生と私の話をして、その帰り道。その帰り道だけは、私とお母さんは二人きりになる。お母さんは「お母さん全然知らなかったよ。先生いっぱいほめてくれたね」って言いながら、先生から聞いた普段の私の話をする。私はそれを聞きながらすごくうれしくて、そして少し恥ずかしくなる。その時間はだいたい二〇分。年に二回だけの二〇分の時間が私にはすごく大事なんだ。

解説

お母さんは障害のあるお姉ちゃんといつも一緒にいて、きょうだいは話したいことをなかなか話せないということがあります。また、お母さんはいつも忙しそうで、せっかく話しかけても話の途中でお姉ちゃんにじゃまをされて、肝心の話が中途半端になってしまって、結局もういいとあきらめてしまうこともよくあります。本当はお母さんと二人だけの時間にゆっくり話を聞いてもらいたいという希望をもっているきょうだいも多くいます。

「ぜんそくになると、お母さんがお兄ちゃんを学校の通学バスに乗せて、それから私を病院に連れて行ってくれるんだよ」とすごくうれしそうに話してくれるきょうだいがいました。ぜんそくで咳が止まらなくなるということは、本当はすごく苦しくて嫌なことのはずですが、その子にとってはその通院の時間がお母さんとの大事な時間だったのです。けれども、もし、「病気のときは、お母さんが私のために時間をつくってくれる」と思って、病気になりたがってしまったり、ときには仮病を使うようになってしまったら悲しいことです。「お母さんは弟のことはなんでも知っているけど、お母さんと過ごす時間がないから私のことはなんにも知らないと思う。参観日も運動会も来られなかった。私が学校でなにをしているかなんてお母さんは興味がないと思う」。そんな思いでいるのはもっと悲しいことです。

ヒント

三者面談の帰り道にお母さんとの二人だけの時間をみつけているみたいでよかったです。上手にお母さんと話せる時間を探すことができるのは大切な力だと思います。

本当は話したいけど、急がないから今度でいいとあきらめてしまって、結局そのまま何も話さなくなってしまうこともあると思います。そうなってしまうと、どんどん言わないことが増えてしまって、後からそれがたまって、もっともっと悲しくなってしまったりします。

二人きりの時間が一年に二回だけではなく、もう少し増えるともっといいですよね。

なかなか自分ではそういう時間がみつけられなかったとしても、そのときはお母さんにも協力してもらえるかもしれません。もしお姉ちゃんが早く寝ることがあるなら、寝た後の三〇分だけでも、少しだけは夜更かししてもいいことにしてもらって、その時間を二人で話せる時間にできないかお願いしてみるのはどうでしょうか。習いごとやきょうだいの会に行くときに、そのときだけはお母さんに送ってもらいたいと言ってみるのもいいかもしれません。

エピソード14

いつも私ががまんするしかないの？

ずっと前からほしいと思っていた服がある。でも、どうせいつものとおり「ダメだよ。がまんしなさい。それを買いに行く時間もないし、忙しいから無理」と言われるかなと思って、最初からあきらめていた。

弟は、いつも家の中を走り回ったり、大きな声をあげたり、言うことをきかない。お父さんは仕事で毎晩遅くに帰ってくるから、弟に付き合うお母さんも私も疲れてしまう。弟はうまくお話しすることもできなくて、最後は怒りだして泣いてしまう。自分でもうまくいかないことだらけでイライラしてしまうみたいで、ときどき発作にもなってしまう。そのときはすごく苦しそうで、お母さんはいつもあわてて救急車を呼ぶ。こうやっていつも、弟に振り回されている感じがする。

ある日、学校から帰ってきたら、弟がめずらしく昼寝をしていて、家の中がすごく静かだった。「今だったら、あの服のことを話せる」と思って、夕飯の準備をしているお母さんの横に行って、恐る恐る聞いてみた。「ねえ、お母さん。ほしいものがあるの。あいちゃんがかわいい服を持ってるの。だから……」と言いかけたところで「いいよ。来週の土曜日、みんなでデパートに行ってみよう」って、めずらしくにっこりして答えてくれた。私はとってもとってもうれしかった。

そして、楽しみにしていた土曜日。みんなで朝ご飯を食べて、出発まではあと一時間。私はウキウキしていた。早起きして準備して待っていた私の部屋に、出かける準備をしていたはずのお母さんが、暗い顔でやってきた。その瞬間に全部わかった。また「今度」って言われるんだろう。お母さんの言葉を聞く前に、すぐに心の中で自分に言い聞かせた。「ごめんね。発作を起こしたみたい。行けないね。ごめんね」。やっぱり……。「いいよ。しょうがないよ。私も遊びに行くもん」と私は笑顔で答えていた。すごくショックだったけど、誰にも言わないでがまんすることにした。期待していた私がいけない。仕方がないことなんだと思うことにした。

解説

障害のある子の世話や通院・入院、学校の送迎などのため、親はきょうだいと関わる時間が少なくなりがちです。障害のある子の状態が不安定な場合、予定が変更になるということも起こりやすく、きょうだいが楽しみにしていた約束が急に中止になってしまうこともあります。

こういった状況の中で育ったきょうだいは、「親が自分のほうを向いてくれない」「自分をかまってくれない」といった思いを抱くことがあります。

そのなかできょうだいはそのような家族に合わせる生活を当たり前と感じ、知らず知らずのうちに自分の要求を押し殺してしまうこともあります。楽しみにしていた家族で出かける予定が弟の発作によって中止になっても、その不満をうまくぶつけられずに「ここで親や弟に不満をぶつけても仕方がない。私ががまんするしかない。いつもそうだから……」とあきらめていたりします。

ヒント

せっかく楽しみにしていた出かける予定がなくなってしまって残念でしたね。今までもずっとがまんしてきたのだと思います。

お母さんが「いつも中止してばかりで悪い」と思っていることもわかるから、「行きたかったのに。ひどい」とも言えなくて、くやしい気持ち、悲しい気持ちをぶつける先がないのはなかなかつらいですよね。

そういうくやしい気持ちや悲しい気持ちをお母さんにも誰にもぶつけられなくてモヤモヤするとき、どうやって解消しているか、きょうだいに聞いてみたことがあります。「布団をパンチする」「ゲームをしまくって忘れるようにする」「お母さんに何か買ってもらう約束をする」「お父さんにどこか連れて行ってもらう約束をする」……。そんな意見が出ました。

もちろん、一人で気持ちに対処できるのも大切なことですが、それだけではなくて、周りの大人に自分の気持ちを話してみることも大切だと思います。「言っても無駄」「周りに迷惑をかけるから」と思ってしまうのもわかるけれど、大人たちに気づいてもらうには、「言う」ということが大切です。それで迷惑をかけることはないと思います。言ってもどうにもならないことだったとしても、きっと「嫌だったんだな。楽しみにしていたからな」と大人は思ってくれるだろうと思います。それがわかってもらえるだけでも、少しはうれしいと思います。誰も知らないなかで、苦しくても一人でがまんするのはさみしいですよね。

エピソード 15

弟のぶんまでがんばらないといけないの？

僕は、最近、学校に行くのが嫌だと思うことがある。でもこんなんじゃいけない。僕は弟のぶんまでがんばらなきゃいけないから。弟やお父さん、お母さんが味わった嫌な気持ちを、僕のがんばりで取り返すって決めたんだから。

弟は自閉症で、同じ小学校に通っている。弟は、よく大声を出したり、広い場所で飛びはねたり、いきなりコマーシャルの歌を歌ったりセリフを話し出したりする。だから、学校でみんなが参加する集会は、僕にとっては、背中に冷や汗をかく時間になる。弟が何をしでかすかわからないからヒヤヒヤなんだ。

何年か前に、お母さんに「弟のことをみんなが『バカ！』って言ったりするんだけど、どうして弟はきちんとできないの？」と聞いたことがあった。それを聞いたお母さんは、とても真剣な顔をして「重度の知的障害っていうのと自閉症というのの両方があって、バカではないの。でも、その二つは治らないのよ」と教えてくれた。話しながらお母さんは泣いていた。それを聞きながら、お父さんは「お前は弟のぶんまでがんばれよ。弟に障害がなかったら、おまえより、勉強もスポーツもできたはずなんだからな」と言った。確かにお父さんの言うとおりかもしれないって思った。

今まで弟のことで周りの友だちにばかにされたり、いじめられたことは結構あった。でも、親には言わなかった。言えば心配させて、きっとお母さんは泣いちゃうし、お父さんにはそれでも「弟のぶんまでがんばれよ」と言われるだけだと思っていたから。僕は、弟がいつもがんばっているのを知っていた。弟は嫌いな体育の時間も音楽の時間も泣きそうになりながら参加していた。弟はがんばりすぎるとパニックになってしまうからあまり無理はできない。字も読めないから難しい勉強は無理だけど、それでも弟なりにいつもがんばっている。だから僕だってもっとがんばれるはず。僕はパニックにならないで努力できるし、字も読める。どんどん勉強だってできるんだから。そしていい学校に行って立派な仕事をして、大人になったら弟を助けていかないといけない。でも……なんでだろう。最近がんばっても成績が伸びない。これじゃあお父さんにがっかりされちゃうよ。ほんの少しだけど「どうして弟のぶんまでがんばらなきゃだめなのかな？　弟と自分の二人ぶんをがんばるのはどうしてなんだろう？」と思ってしまうことがある。でも、そう思ってしまう自分自身はやっぱりダメだって思うんだ。

解説

学校で「おまえの弟はバカだ」と言われることや、外出先での周囲の人からの好奇の視線を向けられることは、きょうだいにとって自分の障害のある兄弟姉妹が否定的な見方をされていると感じる、とても嫌なことです。そのことはずっときょうだいの心の中にモヤモヤとした感情として残り、否定的な見方をした人に対して弟のぶんもいつかやり返したいとさえ思ってしまうこともあります。嫌な思いを受けた相手にその怒りを直接ぶつけることはなかなか難しいので、自分自身のがんばりやできることで見返したいという気持ちが働くこともあります。そして、そのくやしさを消したい思いからか、自分が周囲からほめられたり、認められたりすることでバランスを取ろうとすることもあります。

兄弟の障害から引き起こされるマイナスの側面を、自分ががんばって周囲に評価されるというプラスの側面でカバーしようとしているのかもしれません。また常にがんばり続けることが当たり前になってしまっているきょうだいは、がんばっていない自分自身を受け入れるのが難しくなることがあります。どこまでやっても「まだ足りない」と、人に頼ることなくいつまでもがんばり続けることを自分に課し、へとへとに疲れ果てて体を壊してしまってからやっと休める、というのはつらすぎます。「がんばりすぎだよ。そこまでしなくてもいいんだよ」。そういう声がなかなか伝わりづらいのは、小さいころからのきょうだいたちの必死さの現れなのかもしれません。

ヒント

障害のある弟のため、家族のためにがんばりすぎるのは本当はやめたいですよね。といっても、大人のきょうだいたちも「『障害のある弟のためにがんばりすぎですね。もっと自分のために生きていいと思いますよ』とカウンセラーに言われたけど、そんなことできなかった」と話していたりします。考えてみればみるほど、自分のために生きるというのは、けっこう難しいことで、どういうことかわからなくなってしまいます。

学校の勉強をがんばる理由は何だろう？　部活や習いごとをがんばる理由は何だろう？　そこに、自分のためにではなく「障害のある弟のために」という考えが入っていたりすると、後でつらくなってしまうかもしれません。やっぱり、「自分はどういう人間か？　どうなりたいか？」は、自分で見つけていかなくてはいけないんだと思います。「なにができるか？」「どんな弱さがあるか？」「将来はどういう自分になりたいか？」ということも自分が答えを見つけていかなくてはいけないのかもしれません。

「弟のためにがんばる」「僕や弟をばかにしたやつを見返したい」という考えだけでは、試合に負けたときや受験に失敗したとき、がんばれなくなってしまうように思います。がんばる理由は自分のためでなくてはいけないと思います。あなたも自分のためにいきいきと生きる。それは障害のある弟も同じ。お互いにいきいきとしていれば、それでいいはずです。

エピソード

16 「お姉ちゃんはえらい」って言わないで

親戚の集まりに家族で参加する。あいさつをして、みんなが座ってのんびりしたころ、おばちゃんが「本当にいつもお姉ちゃんはえらいわね」と言いながら目を細めて、頭をなでてくれた。なにもしていないのに、いったいなにがえらいのかがさっぱりわからない。そう言いたいところだけれど、私はだいたいの意味はわかっている。「いつも重い障害のある弟の面倒をみてえらいわね」というわけだ。実際は、私が弟の面倒をいつもみているわけじゃない。おむつを替えるわけでもないし、ご飯を食べさせるわけでもない。着替えもお風呂も全部お母さんがしていて、私はいつも忙しそうなお母さんを横目で見ながら、ときどき弟をなでて「かわいいね」なんて言うくらいのことしかしていない。

それでも私は弟とただ一緒にいるだけで、いつも立派なお姉ちゃんということになって、周りの大人にいつも「えらいえらい」とほめられる。「がんばって」と言って応援してくれる人までいる。最初のうちはほめられるからなんだかいい気分にもなったけれど、最近はすごく嫌な気持ちになってしまう。弟に障害があるからといって「いったいなにががんばれなの？ なんでがんばらなくちゃいけないの？」と思う。みんなには、「障害のある弟がいて、一緒に暮らしていること」がすごく大変に思えるのかな？ だけど、物心ついたときから私には弟がいて、その弟はしゃべれないし歩けないけど、それはうちの家族にとっては、もう当たり前のことだから、それを特別に大変だなんて思ったことはない。もし私が一人も障害のある子のいない家の子だったら、もっと楽しく暮らせるのかな？　比べられないからよくわからない。でも、もしかしたらお母さんは、よそのお母さんより大変なのかもしれない。いくつになっても弟は歩けないから、弟を抱きかかえてお風呂に入れなくちゃいけないから。そう考えると、私はお母さんをもっとお手伝いするいい子にならないといけないのかな？　でも、今はお手伝いを全然していないから、えらくもなんともないのに、みんなが「えらい」って言うから嫌なんだ。

解説

きょうだいが「言われたくない言葉」の上位を占めるのは、「がんばってるね」「えらいね」など、きょうだいをほめる言葉です。

障害のある弟がいると話したときや、障害のある弟と一緒にいるのを見られたときに、多くの人たちは「小さいのにえらい」「大変だね。がんばってね」と声をかけます。そう言われたきょうだいは「どうしてそういうふうに言われるのだろう？」と混乱しています。きょうだいからすると、意識してがんばっているわけではないからです。弟と一緒にいるだけでもそう言われてしまうこともあります。意図しないことでほめられてしまうとき、きょうだいはうれしい気持ちより、恥ずかしい気持ちになったり、その言葉に締め付けられるような思いをすることもあります。

ヒント

いくらその言葉を言われるのが嫌だと思っていても、言わないようにしてもらうのは難しいと思います。障害についてよく知らない周りの人たちには、障害があることはとても大変なことだから、本人や家族は大変ななか、いつもがんばっているように見えてしまって、だから「がんばれ」と声をかけてしまうのかもしれません。

きょうだいとしては、そういう言葉にカチンときてしまうときや、そう言われた瞬間に嫌な気持ちになってしまって「やっぱりこの人にもわかってもらえない」と悲しくなることもあります。それは、きょうだいの多くが感じていることです。だから、それが自分の正直な気持ちだと知ることも大切です。そして、できればそのことを「あんなふうに言われると嫌だよね」と友達同士でグチることができればいいと思います。わかり合えるのは、やはり同じ境遇のきょうだいの仲間であることが多いです。

でも、お母さんたちも同じ気持ちになることもあるみたいです。私は母親と話せることもありました。母親も「がんばってね」と近所の人や親戚からたくさん言われて嫌な思いをしたそうです。

年齢が大きくなったら、だんだんと気持ちを上手に解消する方法を見つけることができるようになると思います。それから、「嫌だ！」という気持ちをたくさん説明して、相手にわかってもらおうとするのは結構大変なことなので、その場はそっと聞き流してしまったほうがいい場合があるのも確かです。そして、いつかわかってくれる仲間に出会ったときに「嫌になっちゃうよね～」とこぼしてすっきりしましょう。結局はそれが一番なのです。

エピソード

17 私にも教えてほしい

いきなり帰ってきたお母さんが「危篤になったから病院に行くよ」と言った。最近、前よりもお父さんとお母さんの帰りが遅いと思っていたけれど、施設で暮らしている弟が病院にいたなんて私は全く知らなかった。小さいころからずっとそうだ。私に知らされるのはいつも最後。少しずつ知らせてくれればいいのに。いきなり言うからすごくびっくりする。

とにかく私はお母さんたちについて一緒に病院に行った。ICUにいた弟は、ぐったりとベッドに寝て、首にチューブを通して苦しそうにゴホゴホ咳をして声は出なくなっていた。お医者さんからの説明を受けに二人ともどこかへ行ってしまった。私はまた一人残された。

いつもいきなりのことで私は驚かされていた。小学生のころ、学校から帰ると玄関の前に救急車が停まっていたことがあった。驚いた私がおそるおそる近づいていくと、お母さんと弟が救急車に乗りこんでいるところだった。私に気づいたお母さんは「これから病院に行ってくるからね。あなたは塾に行くのよ」とだけ言って、そのまま救急車に乗って行ってしまった。近所のおばさんが驚いた顔で近づいてきて「どうしたの?」と聞いたけど、私は「病院だって」とだけ言って、すぐに家の中に入った。どうしたの? ってこっちが聞きたいくらいだよと思ったけど、誰も私に教えてくれないのがわかっていた。私は塾には行かなかった。だってなにがあったかわからなくて心配だから、お母さんと弟の帰りを待たなくてはいけなかったし、こんなにドキドキしたまま塾に行っても勉強なんてできないと思ったから。すごく暗くなってからお母さんと弟は帰ってきた。弟はぐっすり寝ていた。お母さんはものすごく疲れていて、「大丈夫なの？」と聞いたのに「塾に行きなさいって言ったでしょ」とだけ言って、そのまま暗い顔でご飯の準備をはじめたから、結局なにも聞けなかった。あのときのことは今でもなにもわからない。

弟が施設に入ることになったのもいきなりだった。よくわからないまま、ある日大きな荷物がまとめられて、弟の服もバギーも好きなおもちゃもすべて車に積み込んで、弟と一緒に私も行ったこともないはじめてのところに連れて行かれた。「ここは何？　学校？」と聞いた私に、お母さんは「今日からあきらはここに住むことになったから」と言った。私は最初、意味がよくわからなかった。そこには、障害のある寝たきりの人や座ったままの人がたくさん暮らしているらしかった。弟はこの部屋でみんなと一緒に寝泊まりして、この施設の中にある小さな学校みたいなところで勉強することになるらしい。学校の先生はいるのかな？　ここの人たちは白衣みたいな制服を着ているけど、みんな看護師さんなのかな？　わからないことが山ほどあって頭の中をぐるぐる回った。お母さんに「ここに住むとお金がかかるの？」と聞いたら、「役所が払ってくれるんだよ」と答えてくれたけど、本当に聞きたかったのは「弟はどうしてここに住むの？」ということだった。でもうまく聞けなかった。

解説

家族が大事な決断をしているときでも、きょうだいにはなにも知らされていないままということがあります。それはもちろんきょうだいがまだ小さくて理解できないからかもしれません。いろいろ話をして心配をかけたくないという優しさからかもしれません。でも、きょうだいは家族が大変な状況にあるということには、すでに気づいています。それなのにいつも「あなたはいいから」と教えてもらえないことに、仲間はずれのようなさみしさを感じていることがあります。

自分も家族の一人なのに、家族の一大事に仲間に入れてもらえない、一緒に向き合わせてもらえない。そのことをさみしく感じてしまうのです。障害のある弟が命の危機にあるとき、施設に入所するときなど、自分の大切な弟だからこそ、一緒に心配したい、一緒に考えたい、現状を詳しくきちんと知りたいと思うのは当たり前の思いではないでしょうか。不安なまま、なにもわからないまま、そのことを両親にも話せないままで大人になってしまうのはとても悲しくつらいことなのです。

ヒント

小さいころからわからないことが多いのは不安なことです。「どうなっているんだろう?」と想像しながら、ずっと待っているとどんどん悪い想像ばっかりふくらんでしまうことになります。本当は聞いてみたいけど、お父さんもお母さんもすごく大変そうだし、なかなか教えてもらえないことが多いと思います。

その一番大変なときには難しいかもしれないけれど、少し落ち着いたときにでも、「私はなにも教えてもらえなくて、すごく不安なんだよ」と伝えてみてはどうでしょう。少しでも、お父さんやお母さんに「あぁ。お姉ちゃんも不安に思うんだな」と気にしてもらえるようにしておくことも必要だと思います。

もし、お父さんやお母さんがいつも大変そうで聞くのが難しかったら、おじいちゃんやおばあちゃん、看護師さんたち、今の状況が少しわかっていそうな大人の人に聞いてみるのもいいかもしれません。そういう困ったときや不安なときに、なにか聞けたり頼ったりすることのできる大人をうまく見つけておくのも、自分の不安を解消できるいい方法だと思います。

エピソード

18

僕だってがんばっているのに

うちのお兄ちゃんは中学生で、特別支援学校に通っている。小四の僕には、毎日いっぱい宿題が出る。今日も漢字の書きとりの宿題があって、三〇分くらいかかってやっと終わった。でもまだ算数の計算ドリルが残っている。僕が一生懸命宿題をやっている横で、お兄ちゃんはお絵かきをしている。どうやらお兄ちゃんの宿題はお絵かきらしい。お絵かきもほんの一〇分くらいで終わると、お母さんが「よくできたね」とお兄ちゃんのことをほめながら「よくできましたシール」なんていうのをあげている。それをもらってお兄ちゃんはニコニコしている。なんだよ。気持ち悪い。中学生のくせにシールがうれしいのかよ。僕の宿題はまだ終わっていないのに、どうやらお兄ちゃんはもうテレビを見はじめたみたいだ。僕はなんだかムカムカしてきた。僕はまだ小学生なのに、お兄ちゃんは中学生のはずなのに。なんで僕のほうが大変で難しいことをしなくちゃいけないのか。お母さんは、「当然」という顔をしているけど、どう考えてもおかしいじゃないか。中学生なのに一〇分机に向かって絵を描いたらいっぱいほめられるなんて。しかも、その宿題なんて僕から見たら遊びみたいなものじゃないか。

僕は一時間かけて宿題をがんばっても、お母さんはほめてくれるわけじゃない。宿題が全部終わらないうちにつかれて少しダラダラしてると「まだやってないの！　お兄ちゃんは終わったわよ！」と言われてしまう。お兄ちゃんみたいな宿題なら僕だってすぐ終わるし、お兄ちゃんよりずっとうまくできるのに。そしたらお母さんにもっともっとほめられるはずなのに。お母さんはお兄ちゃんには「がんばったわね」なんて優しい声で言うくせに、僕にはこわい声で「もっとしっかりやりなさい」って言うばかり。おかしいよ。お兄ちゃんは中学生なんだから、もっといっぱい勉強すればいいじゃないか。僕よりずっといっぱい勉強すればいいのに。

解説

障害のある子の宿題や勉強は、障害のないきょうだいからみると遊びのように見えてしまうことがあります。自分はもっと難しい勉強をしているのに、同じようにほめてもらえないことを不公平だと感じます。自分と障害のある兄弟が同じ勉強をするわけではないことはなんとなくわかっていても、お兄ちゃんの勉強が簡単で自分の勉強が難しいことに納得がいかないのは、当然のことかもしれません。

お兄ちゃんは、お兄ちゃんなりにがんばってその宿題をしていて、それがお兄ちゃんの精一杯だとわかっていても、「お兄ちゃんはずるい！」と思ってしまうのです。宿題だけでなく、「お兄ちゃんにはテストはない」などと思ってしまうこともあります。「僕にがんばれって言うなら、お兄ちゃんにももっとがんばらせてよ！」とつい口走ってしまうこともあるようです。特に、きょうだいが年下の場合は、どうしてお兄ちゃんのほうができないことが多いのか、自分のほうが勉強ができるのはなぜだろうかと考えて悩んでしまうこともあります。

ヒント

自分のほうが難しい勉強をしているのに、簡単な宿題でほめられるお兄ちゃんは、なんだかずるいと思う気持ちはよくわかります。でも、正直に言うと実は、ほめられているお兄ちゃんをどこかでうらやましいと思っているからのような気もします。

ほかのきょうだいにも、なんだか不公平だと思ってくやしくて、クラスや学校で一番になったらお母さんやお父さんに、ほめてもらえるかもしれないと思って、がんばってみたことがあると話している子がいました。でも、どんなにがんばっても、自分とお兄ちゃんではお母さんのほめ方が違う気がして、絶対お兄ちゃんのほうが自分よりすごくないのにお兄ちゃんのほうがいっぱいほめられている気がしてしまうこともあって、それでもほめられたくて、でもうまくいかなくて、くやしい思いをすることもあるかもしれません。

学校で一番になるのは難しいことだし、ほめられたくて無理をすることは本当は必要ないことだと思います。「こんなことができるようになったらいいな」とお母さんが子どもに対して考えることが、お兄ちゃんとは違うのだと思います。お兄ちゃんには、学校の勉強ではないことで、覚えないといけないことが多かったり、がんばれる力の部分が疲れやすかったりすることもあるのだと思います。それが、障害があるから起きてしまうということを、あなたも結構わかっているはずです。きょうだいが努力していくことは、お兄ちゃんと違うことだから、比べてしまうのは仕方ないけれど本当はその両方を比べることは意味がないと思います。あなたががんばっていることは、お母さんはわかっていると思います。

でも、思い切って「僕も、よくできましたシールがほしい」と言ってみてもいいかもしれません。お母さんは「お兄ちゃんとあなたとは違うでしょ?」と言うかもしれないけど、でも「違うのはわかるけど、同じようにしてほしいときもある」と、お母さんに知ってもらうことも大切だと思います。「お兄ちゃんと同じようにほめてもらいたい」という正直な気持ちをどんどん伝えていきましょう。

エピソード 19

大事なものには鍵をかけて

弟はもう小四だけど、赤ちゃんのようにいろんなものを口に入れてしまう。今日もクレヨンを口に入れて口の周りが真っ黒になっていた。ご飯を食べるときもスプーンを使うように言わないと、手でつかんで食べてしまう。だから、家の中では弟が口に入れて困るものは、弟の手の届かないところに置くようにしている。でも、最近はいすを使ってでも取ろうとして、いすから落ちて泣いてしまうこともある。

この前も、僕が図工の時間に作った粘土のキリンをお母さんに見せようと思ってテーブルの上に置いておいたら、弟がいつの間にか口の中に入れて遊んでしまって、キリンの頭がとれてしまった。うまくできたからお母さんに見せようと思ったのに、がっかりした。お母さんからは「弟にさわられて困るものは置きっぱなしにしないように」といつも言われている。弟はなんでもかんでも口に入れるわけではないし、さわるわけではないけど、おもしろそうなものとか、そうされたら困るものに限って、口に入れたり力を入れて曲げてしまったりする。

すごく大事にしていたゲームのカードも弟にかじられてしまった。友達と何枚もカードを交換してやっと手に入れたレアもののカードだった。お母さんに言ったら「さわられて困るものは置きっぱなしにしないようにって言ったでしょ！　普段からものを散らかすからいけないのよ！」と逆に怒られてしまった。テーブルの上に置きっぱなしにしていた僕も悪いけど、でもかじったのは弟なのに。あーあ、もう友達にも見せられなくなっちゃった。すごくくやしかったから、今度からは、僕の勉強机の鍵のかかる引き出しに入れることに決めた。もう絶対に弟に見つからないように、さわられないように。弟には見せてやるもんか。

解説

悪気はないのですが、障害のある子が気に入ったものを口に入れてしまうことや手にとって壊してしまうということがよく起こってしまいます。それを守るために、手の届かないところに置いたり、引き出しや自分の部屋に鍵をかけて「対策」しているきょうだいは少なくありません。それでも、きょうだいも子どもなのでうっかり置きっぱなしにしてしまって大事なものを壊されてしまうことがあります。どうしようもないくやしい思いをぶつける先がなくてお母さんに話しても、結局、自分がきちんと片付けていなかったことを責められてしまうのではどうにも気持ちが収まりません。

確かに「置きっぱなしにはしないように」とお母さんからは言われていたから、自分が悪いとわかってはいるけれど、わかっているぶん、逆にしかられてしまっては、きょうだいにとってはどうにもつらいものです。自分の持ち物だけでなく、学校に提出する作品や教科書などを壊されてしまって、どうやって学校の先生に言ったらいいのかと困っていることもあります。友達から借りた物を壊されてしまったら大変と、細心の注意を払って、壊されないよう涙ぐましい努力をしていることもあるのです。

ヒント

うっかり置きっぱなしにしてしまっただけなのに大切にしているものを壊されるのは、とてもつらいことです。

本当は、お母さんに「壊されて嫌だったね」と言ってほしかったのだと思います。うっかりは仕方ないことではあるけれど、大事なものを壊されてしまうのはやっぱり嫌なことです。だから、自分にできる努力や対策をしておきましょう。お母さんやお父さんに相談して、弟が絶対に手を出せないような鍵のかかる場所を作ってもらうのも、良い方法だと思います。自分の部屋があるなら、部屋に鍵がかかるようにしてもらうのもいいかもしれません。それでも「あ！　鍵閉めるの忘れた！」というときがあるかもしれないけれど……。

「鍵を閉めちゃうなんて弟がかわいそう」と思ってしまうかもしれないけれど、いつもなんでも大事なものを壊されてしまうのをあきらめなくてはいけないのはおかしいことです。大事なものをきちんと守ること、それは大切なことです。それでもどうしても壊されてしまったときは、お母さんには話しておきましょう。怒られてしまうかもしれないけど、「置いておいた自分が悪いけど、やっぱり壊されてくやしいよ！」と話してみましょう。お母さんももしかしたら、うっかり机の上に置いていた大切な書類を破られたことがあるかもしれません。だから、その気持ちがわからないことはないと思います。

「そういうときはくやしいよね。これからは一緒に気をつけていこう」。そういう話ができるといいなぁと思います。もっとうまくいけば、壊れたのと同じものを買ってもらえたりするかもしれません。

学校に必要なものを壊されてしまったときなんて、どうしようかと本当に困ってしまうと思います。なんて言い訳しようと焦ってしまうと思います。そんなときこそお母さんに相談してみましょう。お母さんから先生に言ってもらったほうがいいこともあると思うからです。

エピソード

20 僕のがまんは限界だ

弟はテレビのリモコンを持つと、まずはじめに全部のチャンネルのボタンを押すと決めている。家中の引き出しも「開けてすぐ閉めて」っていうのをしないと気がすまないようで、いつもそれを繰り返している。それを全部やり終えると、弟は納得するみたいだ。だから僕は、本当は早くお笑い番組を見たいけど、弟がリモコンを持ってボタンを押しているときは、じっとがまんする。そこで弟からリモコンを取り上げたりしちゃうと、弟は泣き出してもっと大変なことになる。そうなると結局テレビを見られなくなる。それがわかっているから、僕は弟が満足してテーブルにリモコンを置くまで、じっと待っている。引き出しの開け閉めも、ゲームに熱中していたり、まじめに宿題をしているときは「あぁもううるさい!」って怒りたくなるときもあるけど、だけどそれもがまん。そこで弟が怒って泣いてしまうほうが後々面倒くさいから、そこもぐっとがまんする。

弟はガスをつけようとしたり、ストーブにさわったり、危ないこともたくさんする。この前はストーブにおもちゃを突っ込んで、危うく火事になるところだった。だから、弟にはストーブにさわらせないようにしていて、当然、弟を一人で家において出かけることはできない。連れて出かけるのも大変で、スーパーのお菓子売り場でお菓子の袋を弟が開けてしまって、お店の人にお母さんが謝っているのを何度も見た。

お母さんになにか用事があるときは、家で僕と弟が留守番をすることになる。この前、僕が学校で友達と遊びに行く約束をして家に帰ってきたら、「急に出かけなくてはならなくなったから弟と留守番お願い」とお母さんに言われた。僕は仕方なく友達との遊ぶ約束を断った。結構よくあることだから、友達には「またかよ」と言われた。

今日も弟と二人で留守番していて、僕がテレビでゲームをしていたら、弟がやってきてリモコンを持ってボタンをパチパチとやりだそうとした。いつもなら僕はそれが終わるまでがまんして待ってあげるけど、そのときはゲームがすごくいいところだったから、僕は「今はダメ。後でやらせてあげるから」と言って弟の手からリモコンを取り上げた。そうしたら弟はそこでパニックになった。弟は泣きながら僕のやっていたゲーム機を持って放り投げた。そこまでやり続けたゲームデータも一瞬にしてダメになった。

「なにするんだよ!」と僕は怒りかけたけど、泣いている弟を見たらもう嫌になって、隣で一緒に泣いた。だって、僕はいつもいつもがまんしているじゃないか。今日だって友達と遊ぶのをがまんして、友達との約束を破って、それで弟と留守番してあげているじゃないか。それなのにひどすぎる。いつも僕ばっかりがまんしてるのに。なんで弟は一回のリモコンのパチパチをがまんできないんだ。後でいくらでもやらせてあげるのに、一回くらいがまんしてくれたっていいじゃないか。僕は悲しくて腹が立って、わんわん泣いた。

解　説

障害のある子がしてしまう行動は、仕方のないことが多いので、そのことを理解しているきょうだいはたいていいつもがまんをしています。「怒っても言い聞かせても仕方がない。自分ががまんすればいい」ときょうだいは寛容に受け止めていることも多いのです。

それでも、どうしても理不尽ながまんが続いたり、きょうだい自身がイライラしているとき、大事な場面で集中したいときには、いつもはがまんできることにも、そのときだけはがまんできずに「もう限界だ」と思ってしまうのは当然のことだと思います。

ですから、そのときに親から「障害なんだから仕方ないでしょう」「あなたは（がまんが）できるんだからがまんしなさい」と言われてしまうことは、きょうだいにとってはあまりにも酷なことではないかと思います。やりたいことがあるのに、留守番をするために急に早く帰ってくるように言われてしまうことや、急に友達との約束を断ったりしなければならないことで、きょうだい自身の友達との付き合いや関係を悪くしてしまうことにもなりかねないのです。

ヒント

せっかく友達と遊ぼうと思ったのにお母さんに頼まれてしまって、いつも友達との約束を断らないといけないというのはつらいことですよね。でも自分がいないとお母さんが大変なのもわかるので頼まれると断れないのもよくわかります。

でも、たまには「僕だって断れないときもあるんだよ」「この日は友達と遊びたい」「僕ばっかりがまんしていると思う」という自分の気持ちをぶつけてみてもいいと思います。お母さんも困ってしまうのかもしれないけれど、次にはヘルパーさんを頼んだり、ひょっとするとお父さんに休みを取ってもらったり、障害のある子をその時間だけ預かってくれるようなところを探してくれたりということを考えてくれるかもしれません。お母さんから頼まれて留守番をするなら、（弟の面倒は見ながらだけど）好きなゲームを思いっきりできるようにしてもらったり、お菓子をいっぱい用意してもらったり、お母さんにおみやげをねだったりして、少しでも楽しみがあるお留守番にできるといいなぁと思います。

エピソード 21

いいお姉ちゃんなのは悪いこと？

二歳下の弟はすごくかわいいから、私は弟のお世話をするのが大好き。私の着せたい洋服や帽子をかぶせて、バギーに乗せて私が後ろから押して歩く。お母さんのお買い物について行って、お買い物をしている後ろで私は弟のバギーを押して歩く。「見て！　このスーパーの水槽、すごいね。お魚がいっぱいいね」。弟はお話しできないけど、いろいろ弟に教えてあげなくちゃ。そうしたら弟は楽しいんじゃないかな。弟が楽しそうにしているのがうれしいからお世話するのは楽しい。

「たくちゃんはどのプリンが食べたい？　焼きプリン？　牛乳プリン？」。弟はプリンが大好きなんだけど、どれがいいか言えないから、私が選んであげる。でも、弟だってきっとどれがいいとかあるはずだからちゃんと弟に聞くんだ。お母さんは聞いてあげないで、忙しそうに「なんでもいいの」って言いながら、ポイって近くにある安いプリンをかごに入れちゃう。「そんなのだめだよ。選ぶって楽しいって、たくちゃんにも思ってもらわないと。たくちゃんだって食べたいのあるよ」。横から私が口を出すと、お母さんは面倒くさそうに「はいはい」と言って、お肉を選びに行っちゃった。「まったくもう。お母さんたらダメだなぁ。ねぇたくちゃん」と言いながら、お母さんの後を追って行ったら、それを見ていた近所のおばさんに「いつもいつもゆうちゃんはえらいいね」と、声をかけられた。「本当に立派なお子さんよね。

たくちゃんの面倒をみてくれるから、楽できていいわね」。笑いながらおばさんはお母さんに言う。お母さんも「そうね」と笑いながら答えている。私は得意になって「もう、着替えさせたり、ご飯を食べさせたり、大変なんです」なんて言ったりして、おばさんは「感心ね」とまたほめてくれた。

でもいつも、近所のおばさんも富山のおばあちゃんも私のことばかりほめる。でも、こんなに楽しいのになんでこんなにほめられるのだろう?

解説

きょうだいはお手伝いをするのが大好きです。いつもお母さんは手を必要としているし、弟を手伝ってあげなくてはならないことが山ほどあるからです。それがどんなに簡単なことでも大人の役に立ってほめられるので、きょうだいとしてもとても心地いいのです。きょうだいはどんどんお手伝いが上手になり、お手伝いをしている自分を誇りに思うのです。

「一人でできるなんてえらいわね」「お母さんのお手伝いをして感心ね」。そう言われると、最初のうちはきょうだいはとてもいい気分になります。人前でいつもはしないようなことまでやって見せて、いい子を演じてしまうこともあります。

けれども、そのうちだんだんと「自分はいい子でいなくてはいけない」と思ってしまう自分自身に縛られていくこともあります。

普段から周りには「いい子のお姉ちゃん」で通っているために、いつしか「いい子でいる自分」「お手伝いをする自分」以外のそうではない姿は認められないと思ってしまうこともあります。周りの大人たちがいい子にしているきょうだいを見て感じているのは、残念ながら称賛だけではないように思います。「あんなに小さいのに手伝わされてかわいそうに」と不憫に思っていることもあるでしょう。ときには、お母さんに対して「きょうだいに手伝わせるのはやめなさい」とアドバイスされる方もいます。

ヒント

あなたが弟のことをすごくかわいいと思っていることも、お世話するのが楽しいと思っていることもよくわかります。その役割が大好きなんですよね。ほめられるし、気分がいいものですよね。たくさんお手伝いをして弟とのお留守番や、お買い物が上手になることは大きくなってからも安心してまかせられるからお母さんからしてもうれしいことだと思います。

ずーっとこのまま大好きなお手伝いをし続ければ、お母さんは楽だとは思いますが、大きくなるにつれて、あなたにも自分の時間が大事になる時期がやってきます。それは自分の勉強の時間だったり、友達と過ごす時間だったりします。そのときは、今までよりお手伝いする時間が短くなるかもしれません。それは当たり前のことだろうと思うので、そのときは自分の時間を優先していってください。

自分や友達との時間を優先できなくなるのではないかと、「お手伝いをさせるのはやめなさい」と心配する大人が出てくるのだと思います。そのときはきちんと「自分の時間」や「好きなお手伝いの時間」をうまくコントロールしながら、かかわることができればいいのではないかと思います。

今はたぶんそれでいいと思います。率先して楽しくお手伝いできるということはすごく素敵なことです。だけど、お手伝いするのが面倒だと思うときや今日は友達と遊びたいと思うときは、その気持ちを大事にしていきましょう。

COLUMN 3

お父さんお母さんへ「いい子であることを求めないでください」

きょうだいは、しっかりしていて「なんでも一人でできる子」のように見られがちです。親は障害のある兄弟姉妹に手がかかるので、きょうだいには「自分でやってね」と、つい言ってしまうのは仕方のないことかもしれません。そして、実はきょうだい自身も「私はなんでもできるから大丈夫」と言って、お母さんのお手伝いをすることを誇りに思っていたりします。そんなふうにして「いい子」のきょうだいができあがっていくようです。

でも、実際にはきょうだいもまだ小さい子どもです。年齢以上のことを求められてしまったり、きょうだいも「自分でしなくてはいけない」と思い込んでしまっていることもあります。「一人ではできないかもしれない」という気持ちは、無意識に自分のなかに押し込めて、なにも感じていないように振る舞っていることもあります。

まずは、きょうだいをきちんと年相応の子どもに戻してあげる場が必要ではないかと思います。できないときには大人に頼って、自分が大切にしてもらえる経験をしたり、大人に見守られながら、一人でチャレンジして自信をつけたりしながら成長していく場が必要です。「なんでも一人でできなくてもいい」「できないことがあってもいい」「自分でできないときは誰かに頼んでもいい」ということをきょうだいが知っていくことが、とても大切なのではないかと思います。家庭では難しいなら、学校や学童保育、習いごとやきょうだいの会などで、大人たちが意識してかかわることが必要ではないかと思います。「しっかりしたいい子」になりきってしまっているきょうだいは、「一人でがんばれない、誰かに手伝ってほしい」というときにも、「手伝ってください」と言えずに苦しんでいることがあります。だからこそ、小さいうちからそう言える練習が必要だと思います。

大人に頼れずに「いい子」でいようとがんばりすぎると、苦しくなって体を壊してしまったり、感情が爆発してしまうことがあります。いつもは言わないような「弟なんて死ねばいいのに」「お姉ちゃんなんていなくなればいいのに」「妹をごみステーションに捨ててきて」などとお母さんがびっくりするようなことを言ったり、いつもはしないのにいきなり障害のあるお兄ちゃんをたたいたり、パニックを起こしているお姉ちゃんに「うるさい！」とどなったりすることもあります。

それは緊急事態です。いい子のきょうだいが突然そんな言動をとったことで、周りの大人はびっくりするかもしれません。「なんでそんなこと言うの！」「どうしてそんなことをするんだ！」と怒るのではなく、「どうしたの？　なにがあったの？」「なにか話したいことがあるならゆっくり聞くよ」と、まずはゆっくり向き合う時間を作ってあげることが必要です。はじめはうまく話すことができなくても、大人がそういった対応をしてあげることで、きょうだいは自分のつらい気持ちやがまんしていることを少しずつ吐き出していくことができるのではないかと思います。

エピソード

22 やっぱり友達には話せない

隠したかったわけではないけど、周りの友達には「私には兄弟はいない」ということに今はなっている。本当はお姉ちゃんがいて、お姉ちゃんには障害があって、特別支援学校に行っているけど、寮に入っているから普段は家にいなくて、ときどきしか帰ってこない。学校で自分の兄弟のことで盛り上がっているときは「いいねぇ。みんなには兄弟がいて」という顔をして聞いている。それもまんざら嘘ではない。みんなみたいに、お兄ちゃんと物の取り合いでケンカをしたり、お姉ちゃんと洋服の貸し借りをしたり、妹と買い物に行ったりすることが私はできないから、それはそれでうらやましいと思ってしまう。

昔は言ったこともあった。でも「お姉ちゃんって何年生？　何組？」と聞かれて、困ってしまった。「お姉ちゃんは学校が違う」ということが私にはどうしても言えなかった。だって言ったら「どうして？　違う学校なの？」と聞かれるに決まっている。そしたらなんて答えたらいいのかわからないから。特別支援学校とか障害とか言ったら、友達はなんて思うのかな？「それ何？」と聞かれたら、説明しなくちゃいけないのかな。もしかして「そんなお姉ちゃんがいるなんて……」と、嫌われちゃったらどうしよう。そう思ったら、なんて言ったらいいのか頭が混乱してきて私は適当に答えてしまった。「お姉ちゃんは六年生で……クラスはわかんない。忘れた」。そう言ったら、それを聞いた友達は「お姉ちゃんのクラス忘れるなんてドジだなぁ」と言ってゲラゲラ笑ってくれたからホッとした。「いつも忘れちゃうの」と言いながら、私も一緒になって笑った。いつもそうごまかしているのは胸が痛かった。

私にとっては大事なお姉ちゃんのはずなのに、隠しているのはおかしい。本当は大事に思っていないのかもしれないと心のどこかで思った。なんだかお姉ちゃんに申し訳なくて、休みの日に帰ってきたお姉ちゃんの顔が見られなかった。いつも隠しているのは苦しかった。お姉ちゃんに対しても、お母さんに対しても、あとは「隠し事なんてないよね」といつも確認してくる親友に対しても。だから勇気を出して一度だけ言ってみたことがある。「私のお姉ちゃんには障害があるんだ」って。そうしたら親友はすごくびっくりした顔して、目をキョロキョロさせて困っていた。私はその顔を見て「もう言うのはやめよう」と決めた。相手に変な気をつかわせてしまうのも、その場の雰囲気が悪くなるのも嫌だ。言っても面倒くさいだけ。それから私は話さなくなった。それを決めるとすごくすっきりした気持ちになった。でも、心の奥はいつもチクチク痛んだ。

解説

きょうだいのなかには、障害のある兄弟姉妹のことを話すのは意外と平気だったと言う人も、絶対話すのは嫌だったと言う人も、本当は嫌だったけど仕方なく話していたと言う人もいます。とにかく聞かれるまま話してみたら、質問攻めにあってしまって嫌な思いをしたり、みんなに少し距離を置かれてしまうのを感じたり、嘘をついてあとで困ってしまったり、伝え方がうまくいかなくてくやしい思いをしたりと話すのが難しいぶん、いろんな場面で苦労します。

そして小さいころに苦労したり葛藤した場面はその後も幾度となく繰り返されます。でも、くり返すうちに自分なりの伝え方や、その場の雰囲気を読んで選択する術が磨かれ、気持ちが楽になっていくことを大人になったきょうだいたちは知っています。話しても話さなくても失敗したという話はどのきょうだいも経験していることで、同じ仲間が集まるとその話は尽きることはありません。この本のなかにも似たようなエピソードが年代を超えて何度も出てくると思います。年代ごとに話す内容、話す相手は変化していきます。話したくない相手、話したい相手が見極められるようになっていきます。伝えるのは難しい、わかってもらうのも難しい、でも知ってもらいたい。だからこそ、何度もきょうだいたちはチャレンジをするのかもしれません。

ヒント

話したくないのに無理して話すことはないと思います。でも、話さないことで自分を責めて苦しんでしまっているきょうだいもたくさんいます。だからこそここでは「無理して話さなくていい」と言いたいと思います。

「どうしてお姉ちゃんのことを隠しているの？」なんて言われても気にしなくて大丈夫です。もう少し心の準備が必要なだけだから、まだ無理しなくてもいいと思います。話したいときに話したらいいのです。そのためには自分の心が痛まない程度のごまかし方を用意しておくこともひとつの手です。「うちのお兄ちゃんは病気で入院中」ということにしてもいいし、「私には兄弟はいない」ということにしてしまったほうが、気持ちが楽になることもあります。もちろんそう言ってしまって後から後悔することもあるけれど、ものすごくつらいのに無理して話すよりはまだましだと思います。

「話したい」というきょうだいももちろんいるので、そう思うならどんどん話していいと思います。くり返しになりますが無理してがんばって話す必要はありません。「うちの弟ってかわいいでしょ」と自慢したい気持ちだってありますよね。それなら、うまく話せるように練習をしてみましょう。どうせ話すならちゃんとわかってもらいたいと思うからです。もちろんわかってくれそうな友達を選ぶことが大切です。

それでも、うまくわかってもらえなかったときには、言い方を工夫してみたり、お母さん、先生など、大人の人に、みんなにうまく説明するにはどう話すといいかを相談してみてもいいかもしれません。

エピソード 23 友達を家に呼ぶのがこわい

僕は学校から帰ってくると、ランドセルを玄関に放り投げて、いつも外へ遊びに行く。でも、家には友達を呼ばないようにしている……というか……呼ぶのがこわい。家に呼ぶと自分の家のこと、障害のある弟のことが知られてしまうから。みんなにどう思われるかが不安だから。だからといって、弟のことは嫌いなわけじゃない。とても大切な弟だ。嫌いにはなれない。うちにいるときはいつも一緒にいる。

弟は自閉症なんだって、お父さんが言っていた。どんな病気かよく知らなかったから、自分で図書館に行って、「自閉症」という言葉が入っている本を見つけて、ざっと読んでみた。弟はいつもテレビやタンスに上がったりするし、ひっきりなしにコマーシャルの言葉を言っている。ときどき、ものすごく大声を出して泣いたりするから「友達の兄弟とはなにか違う」とは前から思っていた。もっとよく弟のことを知りたかった。だから、大人の本を読んで調べた。少しわかった気がする。

あるとき、仲良しの友達に「おまえ、ゲーム買ったんだって？　だったら、おまえの家に行っていいか？　いつも俺の家じゃつまんないよ」と言われたことがある。でも、「今日は、ちょっと家の用事で無理……」と断っていたら、誘われなくなった。勇気を出して話せば、弟のことをわかってくれたのかもしれないけど、うちに来て弟を見たら「おまえの弟バカだ！」と言われたり、クラスでばらされたり、その後、全然友達が来なくなったりしたらどうしようって不安だ。だからこわくて話せなかった。だから、絶対に自分の家には、友達は呼ばないようにしようと決めていたんだ。

解説

学校に通うようになると、生活範囲が広がり、小学校や近所に新しい友達が増えます。すると、友達との間で家に呼んだり呼ばれたりして遊ぶことも出てきます。このころは、友達づくりを学ぶ大切な時期で、こういったやりとりは、友達として親しくなった現れです。けれど、きょうだいは、友達を家に呼ぶことに不安や抵抗を感じる場合もあります。

もし、友達を家に呼んで弟に会わせたら、どんなふうに思われるだろうか、さらに、弟のことがみんなに知られると自分がからかわれてしまうのではないかと不安になります。

一方で、みんなと同じように家に呼んだり呼ばれたりして仲良く遊びたいという気持ちもあります。だからこそ、「弟が悪く言われてしまうのではないか」「自分がからかわれてしまうのではないか」、でも「友達とはうまくやっていきたい」という思いの間で揺れるのです。

そしてここでは、思いの間で揺れた結果、友達と仲良く自分の家で遊びたいという気持ちを抑えて、友達を家に呼ばないという選択をしました。

ヒント

友達を家に呼ぶのがこわいとあなたが思うことは不思議ではありません。

友達が増えて、いろんな友達と遊ぶようになると、「今度、家に遊びにいっていい？」と聞かれることがよくあると思いますが、「家に来て、弟のことを見たらどう思うだろう？」とか、「友達がぼくの弟を嫌にならないだろうか？　ぼくまで嫌われないだろうか？」という不安を感じてしまうのは仕方がないことです。自分と友達とのつながりを大事にしたい気持ちと、いつも一緒に暮らしている弟の両方を大事にしたいから、そのように考えるのでしょう。

でも、友達と自分のことや家族のことをお互いに知り合うことは、これからもいろんな人とつきあっていくのに大切なことだと思います。

少し友達の立場に立って考えてみましょう。友達は「障害」についてどのくらい知っているでしょうか？　あまり知らないとすれば、弟の様子を見て驚いてしまっても仕方がないと思いませんか？

あるきょうだいは、小学生のころ、友達が家に来たときに、弟の障害のこと、弟がいつも同じ言葉を繰り返すわけを話したら、「そうなんだ。『くせ』なんだね。わかったよ。じゃあ（弟は）どんなことが好きなの？」と友達が弟のことをわかってくれたうえに、弟と遊んでくれるようになったそうです。

仲の良い友達を思い切って家に呼んで、障害のある兄弟姉妹について知ってもらってはどうでしょう。最初は、「この人なら大丈夫」と信じた友達から呼んで、だんだんと広げていくのもいいでしょう。

でも、友達を家に呼ぶのをためらってしまったというきょうだいはたくさんいますから、その不安な気持ちは誰にでもあるものだと安心してください。

エピソード24

どうやって作文に書けばいいの？

うちのクラスの先生が「今日は『自分の家族を紹介しよう！』っていうタイトルで作文を書くぞ。みんな、家で考えてきたか？」と話しだした。先生が昨日、「家族の作文を書く」と言ったとき、僕としては正直、複雑な気持ちだった。最大の問題は、兄ちゃんのことをどうやって書くかだ。

兄ちゃんのことは、仲のいいナオとマサにしか教えていない。二人はよくうちに遊びにくるから話した。二人とカードゲームをしていると、兄ちゃんはよくのぞきにくる。そのとき、カードを取ってしまったり、カードの上を歩いたりするから、カードがバラバラになってゲームが中断しちゃうこともある。でも、二人は「あ～あ。またやればいいよ」と、何事もなかったかのように過ごしてくれる。

でも、ほかの友達には言っていない。だって、なにを言われるかわからないし、学校に障害のある子が行くクラスがあるけど、そのクラスのことを同じクラスの友達がばかにしているのを知っているから、兄ちゃんのことをみんなに言ったとき、僕もなにか言われるかと思うと正直こわい。先生は「どんどん書いてみよう！」と用紙を配り出した。配られた作文用紙を見つめ、僕はどうやって書いたらいいか困ってしまって、なかなか書けずに悩んでいた。鉛筆が動かない僕を見つけて、先生がやってきた。先生は「おまえはどうした？　書けないのか？　おまえ、兄ちゃんいるだろ。兄ちゃんのことを書けばいい。いい作文書けるぞ！」と笑顔で言った。それを聞いて、僕はもっとどうしたらいいかわからなくなってしまった。

どうやって兄ちゃんのことを書けばいいんだろう？　障害のことを書いたら、みんなはどう思うだろう？　先生は僕がいいことを書くのを期待しているみたいだけど、なんだか兄ちゃんのことを利用しているみたいで嫌だなぁ。だれにも相談できなくて、本当に迷った。

解説

小学校の授業では、家族を題材にした作文を書くということがときどきあるようです。

家族のなかに障害のある兄弟がいることを作文で発表することについて、きょうだいは不安や戸惑いを感じます。どのように周りに伝えればいいのかわからない、どのように説明したらうまく伝わるのかわからない、伝えた後にどのように思われるかわからないなど、いくつかの不安の理由があげられます。

さらに、障害のある兄弟をさらしものにし、自分のために利用しているように思えてしまって、抵抗がある、罪悪感があるということもあります。

ここでは、担任の先生が、「いい作文書けるぞ！」などと言ったことで、不安がさらに大きくなってしまっています。先生は、励ますつもりで声をかけたのでしょうが、きょうだいが感じている不安や戸惑いに対して寄り添う姿勢が足りなかったために、きょうだいにはそれがうまく伝わらなかったのかもしれません。

ヒント

障害のある兄弟のことを作文で発表することに、ためらいを感じる人もいるでしょう。また、逆に、周りに伝えるのは全然ためらわないし、知ってもらうことが大切だと思っている人もいるでしょう。

作文の話は、大人になったきょうだいから「友達には隠していたのに、先生から『作文に書いたら賞がとれるぞ！』と強く言われて書いた」という悪い思い出としてあがることが多いのですが、「説明するために障害のことを調べたから、障害のことをもっとよく知ることができた」「周りの人に知ってもらうことができた」と、よい体験として話してくれる場合もあるのです。

作文で発表することにためらいを感じるのはなぜでしょうか？　それは、どうやって周りに障害のある兄弟のことを伝えればいいかわからない、伝えることによって周りからどう思われるだろうと不安に思っているからだと思います。そういう人は、自分が考えている不安な気持ちを信頼できる大人や先生に伝えてみるのはどうでしょう？　自分の気持ちを言葉にして伝えること、そして障害のある兄弟について周りに伝えていくことはいずれとても役に立ちます。少しずつ身につけていけるといいと思います。きっと伝えていくことで、だんだんとわかってくれる、味方になってくれる人たちが増えると思います。

いずれにしても、もし作文で発表するのならば、先生に言われたから書くのではなく、きちんと自分で納得してから書くことが大切です。少しでも嫌だと思うなら無理に書かなくてもいいのです。

エピソード 25

どうして私に聞くの？

どうしてみんなは私に聞くんだろう？　「あなたのうちのお兄ちゃんって、どうしてドミソ学級にいるの？」って。この間も先生が私に聞いた。お兄ちゃんが廊下で何かを指さして「あ！　あ！　違う違う！」と騒いでいて、たまたま私と先生がそこを通りがかったときだった。先生が「ねぇ。なんで、あんなふうに言ってるの？」と私に聞いた。そんなのわからないよ。ずーっとお兄ちゃんの行動を見てたわけじゃないんだからと思ったけど、そんなふうに答えたらいけない気がしたから、「たぶん、お兄ちゃんは時計が好きなので……時計がいつもと違う時間を指しているとかなんかで……だから言っているんだと思います」と答えてみた。答えながら、適当なわりにはわれながらずいぶん立派な答えだと思った。先生は「へぇ。そうなんだ。ゆうちゃんはなんでもお兄ちゃんのことをわかっていて、えらいよね」と言って頭をなでてくれた。こんなに適当な答えなのに、ほめるなんて気持ち悪いって思ったけど、私はじっとだまっていた。

私だって、お兄ちゃんがいきなり「あ！　違う違う！」と騒ぎ出しても、なんだかよくわからないし、騒ぎ出したら動けないし、お兄ちゃんの気がおさまるまで付き合うのは面倒くさくて困っている。だから、もし誰かわかる人がどこかにいるなら「なにが原因でお兄ちゃんが騒いでいるのか解明してよ！」「そしてその原因をすぐになくしてよ！」と、いつだって「誰か助けて」と思っているのに。なんで大人が私に聞くの？　こっちが教えてほしいくらいなのに。

聞いてくるのが子どもだったら、まだ仕方ないと思うことはある。「ゆうちゃんちのお兄ちゃん、蛇口を全部上向きにしてたよ」「ゆうちゃんちのお兄ちゃん、図書室の本を勝手に並び替えてたよ」と、友達はいちいち私にはどうでもいいことを報告してくる。「はいはい。そうですか」と聞き流しながら、みんなには言ってもわからないよなって思うから、特にみんなにも私にも支障のないことは「そういう変なやつなのよ。気にしないで」と言って、終わらせる。そのくらいがいい。でも、「どうして、ゆうちゃんちのお兄ちゃんはあんなにペラペラ話すのに、ドミソ学級なの？　九九だって言えるでしょ。うちのお母さんも『どうしてかしら？』って言ってたよ」なんて言ってくる子には、どう言い返すか困る。「お兄ちゃんは実は今にも死にそうなすごく重い病気で……」とびびらせようかと思ったけど、それもまた面倒くさくなってやめた。「お兄ちゃんはうるさい音も苦手だし、みんなと同じことをするのも嫌いだし、ときどき騒いじゃうし……よくわからないけど、あのクラスなんだって」と一応、このくらいならわかってもらえそうな話をしてみるけど、たいていはもっと質問されてよけいに困る。だからもうできるだけその話はあいまいな感じで適当にごまかすのが一番いいみたい。

解説

障害のある子がどうしてそんな行動をするのだろうと誰もが不思議に思うことがあります。もちろんわかりやすい理由のときもあります。でも、たくさんの大人が「どうしてこういう行動をするのだろう?」と頭を悩ませても、なかなか解明できないときもあります。言葉で説明してくれるのならよいのですが、うまく説明できなかったり、話すことができなかったりする場合、本当の理由を探すのはなかなか難しいことです。

障害のある子にかかわる大人や家族たちは、それでもいろいろな障害の特性による本人の考え方や、行動のパターン、行動のくせなどから実際本人がどう考えて行動したのか、本来の思いに近づく努力をして、本人が言葉ではうまく表すことのできない思いをくみ取ろうとするのです。でも、そんな努力を知らない人たちは、「家族だからなんでもわかっているでしょう?」と容易に聞いてくることがあります。大人にとっても難しいことが多いのに、幼いきょうだいはそれでも相手が求める答えを探し、自分の兄のことをうまく伝えようと、涙ぐましい努力をするのです。

ヒント

こういうときは困ってしまうと思います。きょうだいでもわからないことが多いからです。こう聞かれてしまうと、「あぁ、私が毎日困っていることは、この先生にはわかってもらえないんだな」とちょっとがっかりしてしまうときもありますよね。

「誰か助けて」という気持ちはすごく正直でいいと思います。今以上に「難しい知識を一生懸命覚えて、みんなに教えてあげなくちゃ」とがんばることはないと思います。今の説明で十分です。面倒なことは流すくらいでいいと思います。あなたのやり方は正解です。お友達に対しては、そのくらいの説明で流すほうが賢いやり方かもしれません。難しいことを言いすぎてしまって、「あなたのお兄ちゃん、なんだかすごく大変なんだね」なんて思われすぎても後が大変です。

エピソード

26 仲間はずれがこわくて一緒にからかった

僕が通っている小学校には、知的障害の子が通うドミソ学級がある。僕たちは、よく朝や帰りにそのクラスの子たちに会うことがある。僕には知的障害がある五歳の妹がいるから、ドミソ学級の子たちにあまり変な感じはしないし、「妹も大きくなったらここに通うんだ」と思っていた。

ある日、友達数人と下校していたら、コマーシャルの言葉を言いながら飛び跳ねていたドミソ学級の子に会った。一番仲のいい友だちが彼を指さして、「あいつ変なやつ。気持ちわりぃ」と言って笑った。ほかの友達も一緒に笑っている。友達が「おもしろいから、一緒に笑おうぜ」という意味で言ってきたのだということはわかっていた。でも、僕はなんとも言えない気持ちになった。

「妹も障害児だから、ばかにしたら妹をばかにしたことになる。そんなの嫌だ」という思いと「ここで一緒に笑わないと、友達は変に思うだろう。それも困る」という思いがぐるぐると頭の中を回っていた。心では迷いながらも嫌われるのがこわくて、結局、僕は友達に合わせてしまった。「そうだ。きもいな」と笑顔で返してしまった。なんてことをしたんだろう！　すぐに僕は、とても後悔した。

家に帰ると、妹がお母さんと一緒に遊んでいた。最近、妹が少し話せるようになってきたこともあって、お母さんも妹もとても楽しそうに遊んでいる。その様子を見たら、自分が友達と一緒に言ってしまった言葉が一気に思い出されて、僕はとてもくやしくなって「ただいま」と言うのが精一杯だった。その後、妹やお母さんに顔を見られないように部屋に入った。

解説

小学生のころ、こういったことはよくあります。最近は、多くの小学校に障害のある子の通う学級があるので、そのクラスに通う子を実際に目にしたり、接したりする機会も少なくはありません。

小学生は、一風変わったところもあるそのクラスの子たちの行動や言動などに興味をもちやすく、それがおもしろければ笑ったりばかにしたりしてしまうことや、奇妙に感じると気持ち悪がったりおもしろがったりしてしまうことは、ある意味、仕方のないことなのかもしれないと思います。障害のある子をあまり目にしたことがなければ、なおさら不思議がったりおもしろがったりするのでしょう。

きょうだいたちは、友達のそういった姿に対し、ショックを覚えます。「自分のかわいい妹も笑われる存在なんだ」ということをはじめて知ることになり、そのことで友達に対しての信頼感が崩れていくのを感じてしまうのです。仲のいい友達であればあるほど、その友達にも嫌われたくありません。「ばかにしないで！」とも「ばかにしないほうがいいよ！」とも言えないことが多いのです。そして、自分がそう言えなかったことを後から深く後悔します。そして、そういった気持ちがバレないように、きょうだいは悲しいかな、同調してしまうことがあります。そして、きょうだいは自分のしたことによってさらに傷ついてしまいます。友達と一緒にばかにすることは、自分の妹をばかにすることになるということがわかるからです。

ヒント

ちょっと勢いの強い友達に対しては「ばかにするのは、よくないよ！」とはなかなか言えるものではありません。「嫌われたらどうしよう」と思うのも当然のことです。

きょうだいの仲間たちも、いつもこのことでは困っていて、「友達にはなにも言えなかった」ということは多く聞きます。正しい意見を言うには、どうしても勇気が必要です。だから、言えなくても、その時は友達に合わせてしまったとしても、あなたは悪くないから、あまり自分を責めないでください。仕方ないこともあります。本当に嫌なときは、そういう場面を避けるようにするしかないかもしれません。

きょうだいからは、いろいろな意見を聞きます。「『ばかにしないほうがいいよ』って言っても、友達が変わらないこともある」「仲間はずれにされたら、その友達とは付き合わないくらいの勇気をもつべき」「そういう友達とは、適切な距離をとって付き合えばいい」などです。「これ！」という答えはないのですが、ほかのきょうだいの多くもこの問題にぶつかっています。そのことで友達と大ゲンカしたというきょうだいもいました。

まずは、このことで悩んでいるのは、自分ひとりじゃないんだと知るだけでも少し気持ちが楽になるといいなと思います。そして、できれば少し見方を変えて、ばかにしてしまった友達の立場になって考えてみることもひとつの方法です。ばかにすることは、決して許されることではないけれど、ばかにした友達も、「障害のことを正しく知らないからばかにしてしまったのかもしれない」と、ほんの少し離れて考えてみると友達を許せるかもしれません。

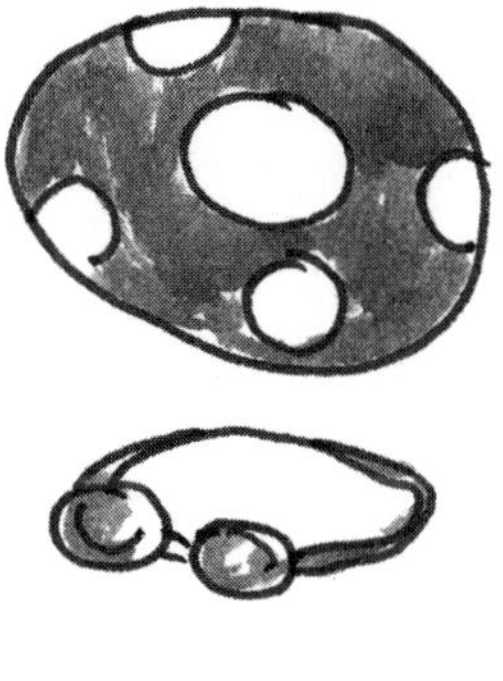

エピソード 27

「自分の時間」って何？

私と弟は双子だから、生まれてからどんなときも一緒。弟には障害があるけど、そんなことは関係ない。私たちはいつも手をつないで保育園に通った。保育園では弟と同じクラスだった。いつもにこにこしていてお友達に意地悪をしない弟は、みんなからかわいがられて人気者で私はそんな弟が大の自慢だった。

小学校に入って、私は弟とは別のクラスになった。「弟はお勉強が簡単なクラスに入るんだよ」とお母さんが教えてくれた。ちょっぴり残念だけどまぁいいや。弟とは一緒の学校だし、私のお友達には行き帰りに弟のことを教えてあげたらいい。だから私は毎日、弟と手をつないで学校に通っている。帰りも弟のクラスまで迎えに行って、毎日一緒。

ある日、いつものように弟の教室に迎えに行ったら、弟のクラスの先生が私を呼んだ。「お姉ちゃん、もっと自分の時間を大事にしなさい。弟の面倒みるばかりじゃなくていいんだよ」。先生はそう言ったので、私はものすごくびっくりした。「え～！　私って弟の面倒をみていたってことなんだ！」。まずそのことにびっくり。私は今まで弟といるのが当たり前だったから、そんなふうに思ったことがなかった。

「いつも仲良しの二人組ね」とお母さんも近所のおばさんも言っているし、お姉ちゃんだし、弟の面倒をみるのは大好き。弟は、信号を全然見ないで道路を渡ろうとするから、「まだ赤でしょ」と手を引っ張ったり、歩かなくなったときは「もうすぐだからがんばるよ」と声をかけて歩かせたりしている。そんなとき、決まって私は「もうなにもできないんだから。お姉ちゃんがいなきゃダメなんだから」と言うことにしている。そう言うといつも周りの大人は「大人みたいなことを言うのね」と笑う。私はそうやって大人ぶった自分が好きだし、言うことを聞いてくれる弟はかわいくて仕方がない。

弟の先生は「明日からお姉ちゃんは迎えに来なくていいからね。自分のクラスの子と帰りなさいね」そうニコニコ笑って私の頭をなでた。弟は誰と帰るの？　弟が車にひかれちゃったらどうするの？　「弟と一緒に帰りたいよ」と言いたかったけど、うまく言葉にならなくて、そのかわりに涙が出てきてしまった。私の頭の中はいろんな考えがぐるぐる回っていた。どうして私は迎えにきちゃいけないいんだろう？　明日迎えにきたら先生怒るのかなぁ？　どうしたらいいのかな？そのなかに一番わからない難問があって、それは、先生が言う「自分の時間」だ。

解説

幼いころ、きょうだいが障害のある弟と過ごしている姿は、周りの大人たちからは、けなげに見えることもあるようです。大人が心配するようなきょうだいが、自分のやりたいこともがまんして弟の面倒をみさせられている状態かというと、そういうわけでもなさそうです。自ら「弟と一緒にいたい、私がお手伝いしたい」

と喜んでやっていることも多々あります。「もう私がいなくちゃダメね～」と、障害のある弟にも母親にもうれしそうに言いながら、お手伝いをしているきょうだいも少なくないようにも思います。それが小さいころのきょうだいにとっては、ちょっとお姉さん気分で大人になった気もするし、ほめられるので、結構気分のよいものです。だからこそ、自分の時間を……と言われてもピンと来ないのです。

ただし、そういったことが常に続いていくと、いつしか成長の途中で、思春期に家族から離れたいのに離れられない、今まで離れたこともないから離れるとどうしてよいかわからない、次第に親から任される役割が大きくなりすぎて負担になる、という状態になってしまうことがあります。

ヒント

いきなり先生からそう言われてしまって、すごくびっくりしたのではないかと思います。先生からそう言われてしまうと、「まだ一緒に帰りたいのに」と思ってしまう自分は、なんだか悪い子だと思ってしまうかもしれません。だけど、そういうわけじゃないと思います。

弟とあなたは別々の人間なのだから、この先は、いつも一緒にはいられなくなってしまうのです。二人とも違う楽しみを見つけて、それを別々に楽しんでもいいということです。そして、家に二人でいるときには「今日こんなことして楽しかった」と、話せばそれでいいのです。全部一緒にする必要はありません。そうすれば、この遊びは、弟があまり好きじゃないから私もやめようなんて思わなくていいし、自分がしたい、楽しいと思うことを、すればいいのです。それは二人にとってすごくよいことだと思います。

これまでものすごく優しいいいお姉ちゃんだったから、いつも「弟ができること」「弟が楽しめること」を一番に考えていたのだと思います。だからいきなり「したいことをしなさい」と言われても、「私のしたいことってなんなのだろう?」と困ってしまうかもしれません。でも大丈夫です。そこで焦ってはいけません。ゆっくり探せばいいのです。それはきっと見つかるはずです。楽しいことは周りにたくさんあります。「私にも楽しめることがあるはず」という気になれば、結構すぐに見つかると思います。

先生の言った「自分の時間」を見つけるには、まずは、お友達探しからはじめるといいと思います。一緒に帰るお友達を見つけてみましょう。弟のことは心配しなくても大人に任せておけば大丈夫です。そして、自分の時間が見つかったら、先生が教えてくれたように、それを大切にしていくことが本当にいいことだと思います。

エピソード28

障害はきれいごとじゃない

僕の兄ちゃんには障害がある。僕と同じ学校に通っている。兄ちゃんはよく大声を出して校庭を走り回ってしまうから、学校では有名で知らない人はいないくらいなんだ。そんな兄ちゃんのことをみんなは「変なやつ」と言ってからかう。「なんだあいつ。お前の兄ちゃん障害じゃん」と僕にも言ってくることもあるから、僕はすごく嫌な思いをしている。

この前、道徳の時間に車いすの卓球選手の話が出た。交通事故にあって足が不自由になってから卓球を始めて、パラリンピックに出たという話だった。先生は最後に「障害のある人も一生懸命がんばっているんだから、みんな温かく見守ってあげましょう」と話した。クラスのみんなは「はーい」と言って、「車いすの人が駅で困っていたら手を貸してあげます」というようなことを発表した。みんな、障害のある人のことがよくわかったというようなことを言っていた。でも僕の気持ちは複雑だった。

「みんなは、いつも『障害じゃん』ってからかっているのに。おかしいよ」「僕の兄ちゃんのこともみんな温かく見守ってよ」。本当はそう言いたかった。でも言わなかった。みんなの頭の中では、車いすに乗っている歩けない障害のある人と、歩いたり走ったりはできるけど、うまくしゃべれなくて騒いでしまう僕の障害のある兄ちゃんとは同じじゃないんだろうな。

学校で道徳の時間などに、障害者について勉強することがあります。そのとき、実際に障害がある人が家庭にいて、毎日接しているきょうだいは「そんなものじゃないんだよ」「もっと本当は大変なんだ」という思いをもって複雑な気持ちで聞いていることがあります。

解説

この道徳の時間の話のように、身体障害者ががんばっている姿が感動的に見える場面があります。特にテレビで取り上げられるスポーツの場面では、演出もあるでしょうが、感動的に見えます。「障害があってもがんばっているのだから、障害のないみんなもがんばろう」というように学校の授業で扱われることがあります。子どもたちはそういうビデオなどを見ると素直に「私たちもがんばらなくては」という感想をもつようです。「がんばっている人を応援する」「困っているから助けてあげる」「街で見かけたら優しくしてあげなくてはいけない」と思うようです。

確かに障害がある人を街で見かけたときに、冷たい目で見るよりは優しく接するほうがいいのかもしれません。しかし、身体障害者には優しくするという子どもが、同じ学校にいる、「がんばっていない（ように見える）、知的な障害のある子」に対してはばかにしてからかっているということは、学校では少なくありません。

障害のある子が家族にいるきょうだいたちは、そんな「中途半端な」障害理解に関して複雑な思いをもっているのです。

ヒント

こういった「障害のある人に思いやりを」というような話を授業で聞いたりすると、変にきれいな感じの話だったり、変な優しさみたいなものにうんざりしたり、「本当は全然違う。変なの」と思うこと、「わかってないな」という気持ちになることがよくあります。

みんなの前で「そんなの全然違う」とは言えないし、そういう時間は、もうはじめから気持ちを割り切ってしまうというのも一つだと思います。「そうか。みんなはそういうふうに考えるんだな」と、障害のある人たちをみんながどういうふうに見ているのかを知る時間として考えるのもいいかもしれません。

「違うよ！」ってカリカリしながら聞いているよりは、そっちのほうがずっと心おだやかに聞けるかもしれません。言えるなら、思い切って自分の気持ちをみんなの前で言ってしまうのもすっきりするかもしれません。でも、なかなかできないことです。みんなの反応もこわい、それが正直な気持ちだと思います。

みんなは普段、障害のある人と直接接する機会があまりないので、わからないことがいっぱいあるんだと思います。「僕は一緒にいるからわかる」という気持ちをもつかもしれません。でも、そんな自分も障害のことを全部わかっているわけじゃないのかもしれませんよね。だからちょっと勉強するつもりで聞くことができれば、少しは有意義な時間にできるかもしれません。

エピソード

29

同じ学校に通うのはつらい

僕のお兄ちゃんは、ドミソ学級に通っている。お兄ちゃんは、教室を抜け出してプールに走って行ったり、体育のときに砂遊びをして動かなくなったり、大きな声を出して教室中を走り回ったりするから、学校のなかでお兄ちゃんのことを知らない人はいない「超有名人」なのだ。

僕は、その超有名人の弟として入学した。だから「あっ、まさるの弟じゃん」とすぐに上の学年の人から言われた。はじめは「やっぱりみんなお兄ちゃんのことを知っているんだ」くらいに思っていた。でも、ある日全校集会で走り回っているお兄ちゃんを見た。それを見て「また、まさるが走ってる！」とほかの子や先生たちみんなが笑った。あんなことするから、お兄ちゃんは有名人なんだ。だからみんな知ってるんだ。僕はそう思ったら恥ずかしくなった。みんなは笑っていたけれど、僕は笑わなかった。なんだか悲しくて仕方なかった。

それからは、「まさるの弟」と僕の友達にまでも言われるようになった。お兄ちゃんがいろいろ学校でおかしなことをするたびに僕はからかわれた。ひどいときにはお兄ちゃんのまねをわざと僕の前でするやつまでいた。僕の担任の先生も「お兄ちゃんがいろいろ大変なことをするから、ドミソの先生も苦労をしているよ」なんて笑いながら言ってくる。そんなの僕に言われても、僕だって困っている。それなのに、ドミソの先生は、お兄ちゃんが怒って動かなくなったときに、

「ちょっと手伝ってくれ」なんて僕を呼びに来たりする。僕がお兄ちゃんの手を引くと、お兄ちゃんは素直に教室に戻ることもあるから。本当にお兄ちゃんが動かなくなってどうしようもなくなると、授業中でも関係なく呼ばれたりする。それは本当に嫌だ。その後、クラスでまたからかわれてしまうんだから。

解説

障害のある兄弟が、学校でさまざまなトラブルを起こしてしまう場合、同じ学校に通うきょうだいが、つらい思いをしていることはよくある話です。上級生にも同級生にもからかわれてしまっていることもあります。先生は助けてはくれず、逆に先生のほうから相談されてしまうこともあります。先生に悪気はなかったとしても、言われたことできょうだいは傷ついてしまっていることもあるのです。

障害のあるお兄ちゃんのクラスの先生がきょうだいの力を借りるという話も、残念ながらよく聞く話です。こうなってしまうと、たとえきょうだいにみんなには隠していたいと思う気持ちがあったとしても、容赦なく知られてしまうことになります。同じ学校で過ごす場合、たとえお母さんに「心配だから、学校ではお兄ちゃんのことよろしくね」と言われていても、きょうだいとしては、「大丈夫。まかせておいて」とばかりは言えないし、からかわれてばかりの自分のつらく悲しい学校生活のことも誰にも話すことができずに、ひとりで抱え込んでしまうこともあります。

小学生のうちは、からかいの対象となってしまうのが仕方のないことなのかもしれませんが、きょうだいにとっては過酷なことなのです。学校のなかには、きょうだいの助けとなってくれる人はあまりいないかもしれないというのが、残念ながら正直な話です。

ヒント

みんなからお兄ちゃんのことをからかわれてしまうのをうまく回避する方法は、残念ながらあまりないのかもしれません。

「腹が立ったから、からかってきたやつとケンカしちゃったよ」というきょうだいの子もいます。でもあまり反応してしまうよりは、聞き流すのが一番かもしれません。「お兄ちゃんのことをからかうやつは、本当の友達じゃない」と思って、付き合わないようにしていたというきょうだいもいました。確かにその通りかもしれません。からかわれて嫌な思いをしていることをわかって、言わないでいてくれる友達がやっぱりいい友達なのかもしれませんね。すぐには難しいかもしれないけれど、そういう友達を探して、見つけられたらいいなと思います。同じ学校じゃなくても、塾や習い事で探してみるとひょっとしたら同じ気持ちでいる友達がいるかもしれませんよ。

障害のあるお兄ちゃんや自分自身が学校でからかわれていることは、お父さんやお母さんにはなかなか話せないのもよくわかります。言ってしまうと悲しませてしまうって思うからですよね。でも、からかいが発展していじめになって、もっと傷ついてからわかったら、お父さんやお母さんはもっと悲しむかもしれません。伝えられそうなときに少しずつでも伝えるようにするか、お父さんお母さん以外の言えそうな大人を探して伝えていくこともいいように思います。そこで気持ちを話すことで楽になるような助けてくれる誰かが見つかるといいなぁと思います。

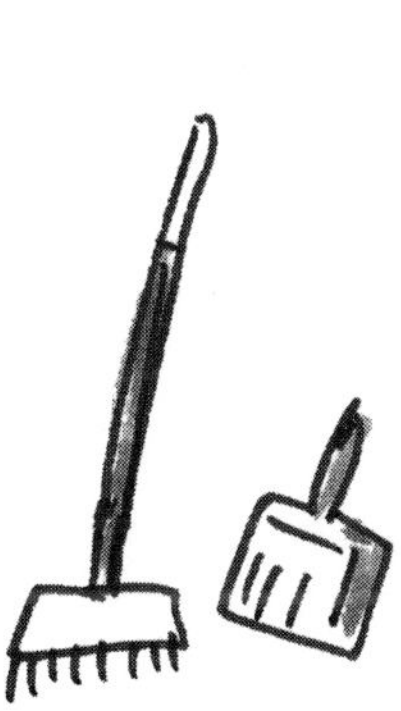

エピソード 30

弟と違う学校を選びたい

一つ年下の小四の弟は、僕と同じ小学校だけど、学校の中にあるドミソ学級に通っている。全校集会のとき、弟はいつもじっとしていられなくて、校長先生の話の間じゅう、グラウンドを走り回っている。この前は、列から外れて鉄棒の方に走って行ってしまった。ほかにも、廊下を水浸しにしちゃったり、大きな声で変なことを言ったり、いろいろやらかしてくれるので、学校じゅうで弟のことを知らない人はいない。だから僕は、なにかあるたびに「おまえの弟……」と言われて嫌なのだ。本当は、できれば弟には違う学校に行ってほしかった。

来年、僕は六年生になる。そしてその次は中学生になる。中学生になれば、とりあえず弟とは違う学校になるけど、僕が中二になったら、弟も入ってくるから、結局はまた同じ学校になるんだろうなと思う。中学校にもドミソ学級みたいなところはあるみたい。だから「中学校に行っても弟の面倒をみてあげてね」とお母さんから言われている。

僕はクラスの中であまり頭のいいほうではないけど、勉強が嫌いなわけではない。同じ塾に通っている友達が、「私立の中学校を受ける」と言っているのを聞いて驚いた。そうか、そういう方法もあるのか。私立ならそのまま高校に行けるから、高校受験もないらしい。そんな話をしていたら、塾の先生が僕のことも「がんばれば、私立の中学に入れるかもしれないな」と言ってくれた。そして塾の先生は、「私立の中学は制服もかっこいいし、部活も盛んだし、大学への進学率もいいんだよ」と、いろいろ教えてくれた。

その話もすごく魅力的だったけど、僕の頭の中はその話とは違うことでいっぱいになった。きっと私立の中学に行けば、電車で通うし、同じ小学校の人はほとんどいないから、弟のことは誰も知らない。きっと弟のことでからかわれることもないんだ。そういえばお父さんも「ちゃんとした大学に行ってほしい」と言っていたし、きっと喜んでくれるだろう。今度、お母さんに相談してみようと思った。

解説

弟が小学校に入学してくるときには、弟と一緒に学校に行くことができると喜んでいたお兄ちゃんも、弟が学校で起こしてしまう数々のトラブルで「もう一緒の学校なんて嫌だ！」と思うようになってしまうことがあります。このまま中学校に進んでも、いずれ弟も同じ学校に通うということは当然わかっています。きょうだいは、できれば一緒の学校で弟のことをサポートしてほしいという親の期待を感じつつも、それでも自ら「弟と違う学校に進もう」と考えることもあります。

小学校高学年から中学生の頃は人目が気になる時期です。小学校低学年のころは「弟のことをばかにするやつは俺がやっつけてやる！」と言っていたお兄ちゃんも、中学生になると、「家の外では、弟とはできるだけかかわりたくない」と思うようになるのは、ごく普通の感情なのだろうと思います。だからこそ、中学校で弟と同じ学校になるかどうかは、お兄ちゃんにとってはすごく大きな問題になるのです。「高校に進学してやっと弟のことから解放されて安心した」というきょうだいの声を聞くこともあります。

特別支援学校など、きょうだいとは違う学校に障害のある弟が通っているような場合にはこのような問題は起きませんが、逆に「なんで、おまえの弟は違う学校なの？」と聞かれて、その返答に困るということもあります。「特別支援学校に通っている」と言ってもたいていはわかってもらえないですし、特別支援学校のスクールバス乗り場に弟や母親がいるのを見られて、「あのバスに乗って通う学校って、障害のあるやつが行くところだろ」と友達から言われて困ってしまうこともあるのです。

ヒント

同じ小学校で、弟がいっぱい事件を起こしてしまっていたら、恥ずかしかったりつらかったりする気持ちになるのは当然です。

親や先生は、弟の世話をすることを期待しているし、「弟と一緒が嫌」とは、なかなか言い出しにくいと思います。「弟を違う学校にしてくれ！」とはなかなか言えないけど、お母さんに「こういうことで困ることがあるんだよ」ということだけは、伝えておいたほうがいい場合もあると思います。

同じ中学校に行きたくないから、自分が違う中学校に……という気持ちもよくわかります。もしその選択が、大学進学など、自分の進みたい道に近づいていくのだとしたら、とてもいいことだと思うので、ぜひがんばってほしいと思います。けれど、もし自分の進みたい道ではないのに選ぶのだとしたら、無理にがんばってもあとで大変になるかもしれないので、慎重に考えてみてください。弟が中学校に行くときに、同じ学校に行くのではなくて、特別支援学校に行くことや、隣の中学に行くこともあるので、そこは自分自身の進路も含めて、家族とよく相談してみるほうがいいかもしれません。

兄弟と違う学校に通うことになったら「なんで学校が違うの?」「あのスクールバスに乗ってるの、おまえの弟じゃない?」と聞かれて、どう返事をしたらいいか困ってしまうこともあると思います。そのときは「(詳しくは)知らない」と言ってしまうのも一つの方法だし、きちんと「いろいろあって、同じ学校じゃないんだ」と話してしまうのもいいかもしれません。

ほかには「相手がわかりそうもない難しい話をして、黙らせてしまう」という荒業もあるみたいです。ときには「あんなやつ知らない」とつい言ってしまいたくなるときも、そういう気持ちになってしまうときもあるのは、全然悪いことではないと思います。

エピソード31

じろじろ見られるのは嫌だ

僕のお兄ちゃんには、自閉症という障害がある。お兄ちゃんは機嫌がいいときは、ニコニコしていて、それが知らない人からはニヤニヤしているように見えてしまう。僕にはお兄ちゃんの機嫌がいいのだということがわかるけれど、知らない人から見ると、やけにニヤニヤしているようにも見えるのはちょっと気持ち悪いかもしれない。

お兄ちゃんと僕とお母さんの三人で、よくスーパーに買い物に行く。お兄ちゃんはスーパーが大好き。お菓子を買ってもらえるからだ。だからスーパーに向かって歩いているときはとても機嫌がいい。だからすごくニヤニヤしている。本当にうれしくなるとお兄ちゃんはスキップしはじめる。でも、それもどう見ても変な歩き方にしか見えない。そんなお兄ちゃんを見て、近所の人や僕と同じ学校の子たちは、変な人を見るような目で見ている。喜んでスキップしているお兄ちゃんを横目に、ぼくはすごく嫌な気持ちになる。

スーパーに着くと、お菓子のコーナーに一目散に走っていって、大好きなポテトチップスの袋を順番にたたいて回っている。そしてお気に入りのポテトチップスを見つけて、大きな声でお母さんを呼ぶ。買い物をしているほかのお客さんがびっくりして振り返っていて、しかも「あんな大きな子が……」とつぶやいているおばさんまでいる。そんなときお兄ちゃんのところに行くのはとても恥ずかしい。

お母さんが別の買い物をする間、僕はお兄ちゃんとフードコートで待っていた。お兄ちゃんは大好きなたこ焼きを食べながら上機嫌になって大きくて変な声を上げていた。そんなお兄ちゃんに「しーっ」と言いながら僕もたこ焼きを食べた。お兄ちゃんの大きな声に反応して、周りの人たちがちらちらこちらを見ている。いつものことで慣れているけど、嫌な気分になってしまう。でも知らない人からするとびっくりしてしまうんだろうな。なかには、「えらいね」なんて声をかけてくれる人もいるけど、それはそれでなにかが違う嫌な感じがする。

解説

周りの人たちに、障害のある兄弟が変な声を出したり変わった歩き方をしたりすると、不思議そうにじろじろ見られたり、嫌そうな顔をして遠巻きに見られることがあります。その子自身は全く気にしていなくても、一緒にいて視線を感じるきょうだいは、すごく嫌な気持ちになります。

お母さんがきょうだいを連れて買い物に行くのは、障害のある子が大変な行動をしたときに一緒に止めてもらいたい、手が足りないときには見ていてほしいという思いがあるのかもしれません。そのことを、きょうだいも理解していることが多いです。それを十分わかっていても、一緒に行くとじろじろ見られてしまうので、「恥ずかしいから他人の振りをしたい」と思ってしまうのでしょう。

「小さい子が、こんな大変な子の面倒をみている。かわいそうに」という視線のときもあります。

きょうだいは「そんなふうに言われるのは嫌だ」と感じていることもあります。嫌なのに「たいへんね」「えらいわね」と言われ続けてしまうことも、偏見の一つではないのかと思います。

ヒント

障害のあるお兄ちゃんと一緒に出かけたとき、お兄ちゃんが大声を出してしまうと、ほかの人たちがじろじろ見てくるから恥ずかしい思いをしますよね。でも、お兄ちゃんを止めないといけないときもあるから、一緒にいないわけにもいかないし……。逃げ出したいけど、できないし……。お店の人に、お兄ちゃんのことで謝らないといけないことがあると、その場に一緒にいるのもつらいですよね。

「謝ること」は、お母さんに任せて「僕は少し離れて、お兄ちゃんと待ってる」と言うのもありかもしれません。「家の近くだけは一緒に歩かないようにしたい！」「僕は行かないで留守番をしている」と伝えてみるのもいいかもしれません。

きょうだいだから全部がまんして、お母さんやお兄ちゃんに付き合わなくてはいけないことはないと思います。嫌なときも、見られたくないときもあるのは、当たり前です。嫌なときは、「ごめんね。僕は待ってる」という選択があってもいいと思います。そんなことを言ったらお兄ちゃんを「嫌い」だと思われてしまうのかなって、不安になることはありません。お母さんたちはあなたがお兄ちゃんを大事に思っていることを、わかっているから大丈夫です。

「えらいね」と言われるのも、また違った意味で嫌な気持ちになってしまいますよね。

そういうかかわり方をする人や変な目で見てくる人が少なくなっていくといいなと思います。

COLUMN 4

学校の先生へ「学校で配慮してほしいこと」

学校でもきょうだいにはさまざまな困難があります。先生たちは、励ますつもりできょうだいに「がんばれ」などと声をかけます。そして善意で「弟のことを作文にして発表したらどう？　賞がとれるぞ！」などと言います。その言葉に、きょうだいは傷ついていることがあります。でもなにも言えません。それは先生に悪気がないとわかっているからです。作文で、障害のある弟のことをクラスの友達たちに知らせるということは、きょうだいにとっては結構な難問です。それを「できない」と先生に伝えることにも勇気が必要です。先生に対して申し訳なく思ってしまうからです。結局、いやいや発表するはめになってしまうこともあります。

こういうことは親にも話しにくいので、本当に困ってしまいます。先生には、「やってみろ」と励ますだけではなく、複雑な思いがあるということを察してもらえればと思います。先生としては、きょうだいの得意なところを活かす、福祉や障害をテーマにした授業で教材として使えるという意図があるのだろうと思います。喜んで応じるきょうだいもいないわけではないのですが、「話題にされて、とても傷ついた」と話すきょうだいもいます。

うまく説明できなくて困っているのに弟のことをさらに質問されてしまうこと、「お兄ちゃんは、弟の対応が上手だから来てもらおう」などと頼られて困ってしまうこともあります。学校でも弟の世話する役割を任せられてしまうと、きょうだいは友達と過ごす時間を削らなくてはならなかったりして、友達関係に影響を及ぼしてしまうここともあります。

また、特別支援学級や近隣の特別支援学校の生徒との交流授業などがある場合には、障害者のことを知っているということから、障害について解説をさせられるなど、きょうだいが「専門家」のような役割を任せられることもあるようです。

家庭では、障害のある兄弟姉妹の都合が優先されてきょうだいはがまんしていることが多いということは繰り返しお話してきました。だからこそ学校は、きょうだいが家庭とは違う自分の顔を出せる場であってほしいと思います。そのためにもきょうだいの先生には、どこまでもきょうだいの味方であってほしいと思います。障害のある子の環境を整えることだけに意識を向けるのではなく、きょうだい自身の環境を整えることにも意識を向けてもらえればうれしく思います。

障害のある兄弟姉妹がいるからと、変な気をつかったり、頼りにしたりする前に、きょうだいが同じ学校に障害のある弟がいることをどう感じていて、困っていることがあるのかどうかを、直接本人に確認してもらえる機会があればと思います。もしかすると本人は全く気にしていないということもあるかもしれませんが、本音で話し、どうしたらいいのかを一緒に考えてもらえると、学校がきょうだいが気兼ねなく過ごせる場所になるのではないかと思います。

エピソード 32

どうして妹だけに障害があるの？

考えても仕方ないことだけど、どうしても考えてしまうのは「どうして自分には障害がないのか」ということ。同じお母さんから生まれてきた妹には障害がある。

妹は言葉もうまく話せないし、「こだわり」で水道から水を出し続けてしまう。小さいころからイライラすると、なぜか服をすべて破って脱いでしまって、裸で怒って泣いている。それを家の外でされると家族は大変。家の中でもお客さんが来ていたり、私の友達が遊びに来ていたりすると最悪。だから妹のイライラがはじまりそうな気配がしたり、雲行きが怪しい声が聞こえてきたら、私は大急ぎで友達を外に連れ出さなくてはいけなくなる。普段、妹は特別支援学校に行っているから、私とは全然違う世界に生きているように見える。だからなのか、妹の考えていることはよくわからないことだらけだ。

妹にはわからないことがいっぱいあって、テレビ欄とは違う番組が放送されていたりすると、妹の頭の中は大混乱する。「わからない。なんで？　なんで？　わからなくてこわいよ！」。話せないけど、もし話せたら、きっとそんなふうに大混乱して、そしてイライラとこわさでどうしていいかわからなくて、妹は服を破いてしまうのだと思う。自分を押さえつけているイライラとか恐怖とかが一緒に破れてなくなればいい。そんな思いで妹は裸になるんじゃないのかなってずっと小さいころからそう思って見ている。

裸で泣いている妹を見ていると心が痛い。もっと妹がこわいって思わないような毎日が続いたらいいのに。妹が生きている世界はすごくつらそう。毎日毎日そんなに泣かなくてはいけないほど困っているのかな。私だけがそんなに困らずに毎日を過ごしてもいいのかな。同じお母さんから生まれてきたんだから、いいことも困ることも平等にあるべきじゃないの?

解説

障害や病気のために、生きづらさや不便なことがある兄弟姉妹の姿を目にしているきょうだいは、自分だけが何不自由なく暮らしていることを申し訳なく思ってしまうことがあります。このエピソードのように「同じお母さんから生まれてきたのにどうして?」と思い悩んでしまうこともあります。

そう思う必要はないのかもしれません。でも、感受性の強いきょうだいたちが、自分の障害のある兄弟姉妹や親たちが困っている場面を見て、自分になにかできないだろうか、自分はこのままでいいのだろうかと思い悩み、非力な自分を嘆くとき、それが罪悪感となってきょうだい自身を苦しめることがあります。

ヒント

妹にだけ障害があるということ、それは誰のせいでもありません。もちろん障害があることで、自由に一人では出かけられなかったり、うまく言いたいことを話せなかったりと、できないことがたくさんあるので、不便なのは事実だと思います。きょうだいが罪悪感をもってしまうことは、まわりに理解されづらいことのひとつです。親に言ったとしても「そんなこと思わなくてもいいのに」ととりあってもらえず、余計悲しく思ったりします。そして、妹の不便で苦労している姿を見れば見るほど不公平な感じがして、申し訳なく思ってしまい「同じお母さんから生まれたのにどうして？」と考えてしまうのかもしれません。

でも、自分を責める必要はまったくありません。きょうだいであるあなたは、自分になにもできないと落ち込まないで、そのまま応援していけばいい、そう思います。

エピソード

33 障害のある人を嫌がるのは悪いこと？

弟の特別支援学校の運動会に行くと、高等部の大きいお兄さんが近づいてくるのが、いつもとても苦手。なんだかこわいから本当はよけて通りたいくらいなんだけど、でも私はそんなことはしない。そう思っているのを周りには絶対に気づかれないように、笑顔で普通に見えるように、嫌がっているのを誰にも気づかれないようにする。そうすることにしている。だって、障害のある人に対してそんな顔をするのは失礼だから。私の弟がそんなふうにされているのを見たらすごく嫌な気持ちになるから。きっと、あのお兄さんの家族も運動会の観客席のどこかにいて、そのことを気にしているかもしれないし。その人のお姉さんもいるかもしれない。だからそんなことをしてはいけない。

私の弟はすごくかわいい。笑うと超かわいくてたまらない。うちの家族も弟の担任の先生もみんなそう言っている。だけど、このかわいさは弟のことをよく知らない人にはわからないのかもしれないって思うことがある。スーパーで弟のバギーを押して出かけたりすると、知らない人が驚いたように見ることがあるから。だからあのお兄さんもこわいと思ってはいけないのだと思う。だから私はがまんする。こわいとか嫌だとか思う私が変なんだ、いけないんだと思うことにしている。弟がもし大きくなったら、あのお兄さんのようになるのかな？ そしたら私は弟のこと、かわいいと思えなくなっちゃったらどうしよう。それはすごく嫌だな。

解説

障害について詳しく知らない人が、障害のある人に驚いたりこわがったり、異質なものとして避けるようにするのは、当たり前の反応なのかもしれません。ただ、障害のある人と親しくなって、こわがることはないとわかったり、ほかの人とは違う異質なところがあったとしても、その人自身のよさが見えてきたりすると、そういった気持ちは少なくなっていくのかもしれません。

きょうだいは、物心ついたときから障害のある兄弟のことをよく知っています。そのため、拒否的な感情をもつことは少なく、ほかの人の素直な反応にショックを受けることがあります。しかし、そういった場面に度々出会ううち、次第に、他人の拒否的な反応は仕方ないのだと慣れてしまうことも多いようです。

きょうだいが気づきにくいのは、「自分の反応」だと思います。自分も、障害のある人に対して否定的に思うこともあるという事実になかなか気づけず、そう思ってしまう自分が悪いと自分を責め、気持ちを封印していることもあります。

ヒント

いくら自分の弟が最高級にかわいくても、知らない人が弟のことを見ると、そう思ってもらえないことがあるみたいです。きょうだいや家族はその弟のことをすごくよくわかっているから、かわいいと思うことができるのです。

高等部のお兄さんに対して、あなたが「苦手」と感じたこと、それは、当たり前の感情だと思います。そう感じたことに罪悪感をもつ必要はありません。そして、あなたがそのお兄さんやそのお兄さんの家族に対して優しく気をつかってあげていることはすばらしいと思います。あまりたくさんのがまんは必要ありません。すごくこわいと思ったら離れてもいいのです。いつも笑顔でいないといけないわけではありません。

その人のことをよく知れば、「こわいと思わなくなる」ことまでよくわかっているのですから、大丈夫です。そのお兄さんを否定したわけではありません。障害のある弟のお姉さんだからといって、障害のある人全員を知っているわけではなくて、みんなそれぞれ一人ひとり違いますよね。その人たちといろいろな場面で仲良くなって、その人を知っていくことで、はじめはこわいと思っていても、その見方が変わっていくことも、ときにはあります。はじめから自分のそういった気持ちを隠してがまんして接するよりも、自分の気持ちを認めてあげながら、あまり変に無理をせず、運動会に参加していくほうがいいように思います。

エピソード34

大人になったらどうなってしまうの？

弟は障害のある子の入るドミソ学級というところに通っている。小四まで、僕は弟と一緒に学校に行くことを親に頼まれていたけれど、だんだんそれが嫌になった。学校に行く途中、弟が公園の水道や水たまりで遊びはじめてしまうと、なかなかそこから離れられなくて、僕も弟を置いていくことなんてできないし、二人で遅刻してしまうことが何度もあったからだ。そのことをお母さんに話したら、「もうあなたは一緒に行かなくていいよ。お母さんがなんとかする」と言われて、それからは別々に学校に行くことになった。

最近、二時間目くらいになると弟が登校してくるのが窓から見える。たぶんお母さんが一緒でも、一時間くらい水遊びがやめられないんだと思う。学校でも、ドミソ学級の前の水飲み場で水を出しっぱなしにして、手も顔も頭もぬらしていることがよくある。それを見て「おまえの弟、水が好きだよな。本当に」と僕の先生は笑って言った。僕もあいまいに笑い返したけど、でもそんな気楽なもんじゃないよって心の中では思っていたんだ。

うちにはお父さんはいない。お母さんが働いて、家をなんとかしている。だから、お母さんも忙しい。家に帰っても、弟はお風呂や台所のまわりをびしょびしょにぬらす。寒い日も、ずっと水にさわってニコニコしている。ときどき、家の鍵を勝手に開けてどこかの公園に行っちゃうこともある。行っちゃうところは、もうだいたいわかるから、あせったりはしない。でもね、いつも大変なんだよ。弟は、楽しいのかもしれないけど、もう家の中はめちゃくちゃなんだ。僕が弟をお風呂に入れてあげるんだけど、なかなかお風呂から出てくれないし。困ったときは「早く!」と怒ってみるけど、全然効き目がないんだ。「いつも弟のことで大変すぎるよ」とお母さんに言ってみたんだけど、「うん」と答えただけで、お母さんはもうなにも言わなかった。すごく疲れていたんだと思う。これから、弟はどんなふうになっちゃうんだろう。ずっとこんな感じでいくのかな。僕はずっと弟をみていかなくちゃいけないのかな。これからも面倒みていけるのかな。そう考えるとすごく心配になるんだ。

解説

障害の種類や程度によって、家族の負担の大きさは異なります。身体的な介護が必要であれば、家族全員がかかりきりになります。行動障害がある場合には、外食や家族旅行がしにくいなど、家族全員の行動が制限されてしまうこともあります。家族が疲れてしまっている場合もあります。

そのようななかで、きょうだいは、この大変な状況がこの先もずっと続くのか、将来自分はどうなってしまうのかと不安に感じてしまうことがあります。負担が大きすぎるのも原因かもしれません。親自身も日々の生活に手一杯で、先々のことを考える余裕がないのかもしれませんが、きょうだいも「これからどうなるんだろう?」と、自分の進路もあわせて、不安でいっぱいになっていることもあるのです。

ヒント

障害のある弟が、いつも周りに迷惑をかけることをたくさんしていたり、「こだわり」がどんどん増えていったり、何度も同じことを教えているのにちっとも覚えてくれなかったり……。きょうだいとしては「弟がこの先もずっとこのままだったらどうしよう」「大人になったら、弟はどうなってしまうんだろう?」と不安に思ってしまいますよね。

障害のある子どもが大人になったとき、どんなふうに暮らすのか――。それを知らないのだから、将来を想像できないのは当然です。いろいろなことを考えて不安になりすぎないためには、「情報」を手に入れることが大事です。それは、お母さんたちが入っていることの多い「親の会」の人や特別支援学級の先生が知っていることが多いと思うので、一度聞いてみてもいいかもしれません。将来のことを教えてもらうことで、不安な気持ちが少しでも軽くなるといいなと思います。

でも、まずは、自分が今感じている不安な気持ちをお母さんたち大人に話して、わかってもらうことがなによりも大事かなぁと思います。そうすれば、今すぐみんなで対策を考えられるかもしれません。お母さんと二人だけで考えるには大変なことを、先生や専門家たちが考えて試してくれたり、良いアイデアを思いついてくれることもあるかもしれません。お母さんは一人でたくさんがんばって疲れているみたいだから、なかなか一度にそういう話をするのは難しいかもしれないけど、でも少し余裕ができたときに話せるといいなぁと思います。

エピソード

35

家にいてものんびりできない

玄関には、ヘルパーさんの靴がまだある。がっかりしながら居間に軽く「こんにちは」とだけ声をかけて、部屋に入る。いつもだったら一応、顔だけは見せるけど、今日はなんだか恥ずかしいからいいや。あ〜あ、お母さんいつ帰ってくるんだろう。私はすることがなくてベッドに寝転んだ。

うちではお母さんが親の会の集まりとかの用事があるとき、ヘルパーさんを頼んで弟をみてもらっている。ヘルパーさんは弟が日中通っているところに迎えに行って、その後、弟と一緒に出かけて時間をつぶしてお母さんの帰りを待っていてくれる。「とても助かるのよ」とお母さんは言っていた。弟は、おやつを買いに外に一緒に行ってくれるからヘルパーさんのことが大好きみたいで、いつも大喜びで過ごしている。

ヘルパーさんが家にいると家が自分の家じゃないみたいに私は緊張する。トイレに行くのも台所に麦茶を取りに行くのもなんだか嫌で、息を潜めて部屋にこもっていることになる。もしかすると、なにかのときにヘルパーさんが呼びに来たりするかもしれないから、部屋着にも着替えないで、いつ呼ばれてもいいように待ってるなんて、なんだか窮屈。ろくにテレビも見られないし、電話だってできない。だからいつも仕方なく、ベッドに寝転んで漫画を読んでいる。お母さんは「楽にしていていいのよ」なんて言うけど、そんなことできるわけない。それから数時間たってもお母さんは帰ってこなかった。さすがにおなかもすいたし、勇気を出しておやつでも取りに居間に行こうかな。そんなことをずっと考えて時間がすぎていく。

解説

最近では、家に福祉サービスが入ることも増えてきました。支援してくれるヘルパーさんが家へ来るのが当たり前、と幼いころから感じているきょうだいもいるようになりました。自分の家には来ているヘルパーさんが友達の家には来ていないと知り驚いたという話や、友達に「あの人は誰なの？」と聞かれて返答に困ったという話も聞くようになりました。

福祉サービスが特別の場所だけで提供されるのではなく、地域で提供されることはとても好ましいことだと思います。けれど、ヘルパーさんの存在があまり知られていないために、説明するのに苦労することもあります。また、家族以外の人に家の中へ入られることに抵抗のあるきょうだいもいます。

しかし、今後は、きょうだいもうまく折り合いをつけながら暮らしていけると、より家族全体が豊かに暮らせるのかもしれません。

ヒント

家の中に家族ではない人がいて、そのことで気をつかってしまう気持ち、よくわかります。弟と二人で留守番できないわけではないのに、よその人にお願いすることを申し訳なく思ってしまう人もいるかもしれません。

この先、弟さんはさまざまなサービスを受けながら暮らしていきます。その練習として、ヘルパーさんと過ごしてみる時間は確かに必要です。でも、家は暮らしの場だから、弟さんだけのために使いやすいようにする、ヘルパーさんの使いやすいようにだけするというのはおかしいと思います。

あまりにもあなたが気をつかい続けなくてはいけなくてしんどいときには、お父さんやお母さんと一緒にどうしたらいいかを考えていくことも必要だと思います。たとえば、「居間にいるヘルパーさんに声をかけなくてもいいことにする」「家族しか通れない通路を決める」というルールはどうでしょう。ルールづくりは家族みんなの生活を守るためには大切なことです。

ほかには、「この日は彼氏や友達を家に呼ぶから、家以外の場所で過ごしてください」というお願いも、お母さんとの交渉次第では可能かもしれません。こうやって、がまんしないで話し合って決めていくほうがいろんな負担を減らせていいと思います。面倒かもしれないけど、そういうことが将来、自分と家族や弟との距離のバランスをとっていくための練習になると思うのです。少しずつ試してみましょう。

COLUMN 5

一般の人へ「じろじろ見ないでください」

「障害のある人をもっと知ってもらうためには、家族がどんどん障害のある本人を地域に連れ出していかないと、社会の目は変わらない」という言葉を聞いたことがあります。私はその言葉があまり好きではありません。あまりにも、社会の目は冷たく厳しいからです。昔と比べると、盲導犬を連れた人や電動の車いすの人、ヘルパーを連れた自閉症の人の姿を目にする機会は多いかもしれません。建物のバリアフリー化が進み、古い駅でもエレベーターの設置工事が進んでいます。ちょっとしたニュースやテレビドラマでも、障害のある人の活躍が多く取り上げられ、道徳の時間には、障害や福祉のことが当たり前に出てくるようになったのかもしれません。それでもなお、関係することのない人には、障害のある人がいる家族の暮らしは別世界のもののように映るのではないでしょうか。

街の中や電車の中で、一風変わった声や行動などを見聞きすると、人は必ず驚いて見ます。察知のいい人は、あえてはじめからそちらのほうを見ないようにします。それが障害のある人ではなく、酔っ払った人だったとしても同じかもしれません。どんな人なのか、自分に危害が及ばないのかを確認するためには当たり前の反応なのだろうと思います。とにかくその場にいる人、みんなが確認します。どんな人がいて、なにをしているのか。それぞれが安心するためには、それは仕方のないことなのでしょう。でも、その対象が自分の弟だとしたら、その場に一緒にいる家族にとっては、つらいときもあります。弟が電車に乗るのがうれしくて、笑いながら揺れているだけでも、暴れているわけではないのに、ほかの人は驚いて見るのです。そんな大げさな喜び方をしなければいいのにと、きょうだいは心の中で願いますが、弟は周りの目なんて気にしないで、思うままにうれしさを体じゅうで表現しています。ここが電車の中で、あそこのおじさんがどんなに嫌そうな顔してじろじろ見ていても、あそこのおばさんたちがヒソヒソ話しをしていても、弟は気づかないのです。気まずそうにしている私に、にっこりと笑いかけてくるおばさんもいて、困ってしまうのです。どうして笑いかけるのか、そのにっこりがなんだか突き刺さってくるようです。本当に嫌でこの場にいたくないと思ってしまいます。全く気づいていない弟の姿を見ているのもつらくなり、私は弟と一緒にいるのを恥ずかしいと思うのです。家族だと知られたくないとさえ思ってしまうのです。

きっと家族が何度、こんな胸の潰れそうな思いをしたとしても、そう大きくは社会の受け入れ方が変わることはないでしょう。だからこそ、「障害者をもっと地域に」という役目を家族に担わせるのではなく、福祉・教育・医療に携わる人たちにも請け負ってほしいと思います。もっと多くの人たちが、障害のある本人と知り合えるような方法があって、興味をもってもらえるのならば、見方も変わり、障害のあるその人の良さも理解してもらえ、受け入れやすくなる人も増えていくかもしれません。家族ももちろんそう願っています。

エピソード 36

言わなければよかったかな？

「もう嫌！　きたない！　あっち行って！」。そう言ったら、お兄ちゃんが困ったような顔をした。言葉の意味はわからなかったと思うけど、私が怒っているのはわかったみたい。お兄ちゃんは私から離れて、テレビのほうに行って座り込んだ。頭にきていた私は、しばらくお兄ちゃんをにらんでから、お母さんが悲しそうな顔で私を見ているのに気づいた。目が合うと、「なんでそんなこと言うの？」とお母さんは聞こえるか聞こえないかくらいの声でぼそっと言って、夕食の支度に戻っていった。「お母さんのバカ！」と言いながら、私はまだ怒りが収まらなくて、手に持っていたノートのページをぐしゃぐしゃにして破って捨てた。

そのページには、今日学校で仲良しの友達と一緒に描いた絵が描いてあった。それはすごく上手に描けた力作で、先生にもクラスのほかのみんなにもほめてもらって、私はうれしくて学校から帰ってきてからも何度もそれを眺めていた。お母さんにも見せたくなって、「お母さん見てみて。この絵をゆみちゃんとまきちゃんと一緒に描いたんだよ」と言ってテーブルの上に広げたんだ。お母さんは夕食の準備が忙しかったみたいでなかなか見に来てくれず、待っていたらお兄ちゃんがその絵をのぞきにやってきた。「きたなくしないでよ。さわったらダメだよ」と言いながら、私はお兄ちゃんにその絵を見せてあげた。本当は離れて見てほしかったのに、お兄ちゃんはじーっとその絵を見て、目に近づけて見ようとしてノートをつかんだ。

お兄ちゃんは重い知的障害があって話はできない。でも絵本を見るのは大好きだから、じっくり見たかったのかもしれない。いつもお兄ちゃんはじっくりものを見ようとする。それは知っていたけど、でも私は大事なノートを持っていかれるのは嫌で、取り返そうと「お兄ちゃんダメだよ」と言ってノートを引っぱった。そしたらお兄ちゃんは、意味不明のよくわからない言葉で文句を言った。というか、言ったように聞こえた。本当は「ノート貸してよ」とか「絵を見せてよ」とか言いたかったのかもしれないけど、それはよくわからない。

その言葉と一緒にお兄ちゃんのよだれが飛んで、大事な絵が汚れた。頭にきて私はとっさに「きたない！　あっち行って！」と言ってしまった……。本当はお兄ちゃんが悪くないのはわかってる。お兄ちゃんは薬を飲んでいるから、その影響でよだれが出やすいこともわかってる。お兄ちゃんのことを「きたない！」と言ったって、お兄ちゃんはその意味をわかっていないから、よけいに悲しかった。なんてことを言ってしまったんだろう……。私はすごく後悔した。お母さんはどう思っただろう。

解説

きょうだいは、障害のある兄弟姉妹に対して怒りをぶつけてしまった後に、申し訳ない気持ちになっていることがあります。

兄弟同士がケンカをするのは当然です。しかし、全く悪気がないとわかっているときや、やり返してこないのに手を出してしまったとき、ケンカしたことで兄弟の体調を悪くしてしまったとき、きょうだいは自分がとても悪いことをしたのではないかと自分を責めます。相手のほうが弱いとわかっているのにどうしてこんなことをしてしまったのだろうか……。知的に障害があるのがわかっているのに、どうして「バカ」って言ってしまったのだろう……。したこと、発した言葉に後悔をすることが多くあります。

たとえ兄弟のほうが悪く、自分は怒って当然なのだとしても、私が悪いと自分を責め続けてしまうこともあるのです。

ヒント

この話は「誰も悪くない」と思います。とっさにあなたが言ってしまったひとことも当たり前の感情なのだと思います。

人は誰でも、怒ることも悲しくなることもあります。それがたまたま今回はこんな状況で起きてしまって、相手はお兄ちゃんだったというだけで、仕方のないことだと思います。お兄ちゃんにひどいことを言ってしまったと後悔しているあなたの気持ちも大切です。けれど、あなたの大切な絵が、結果としてなくなってしまったのは、本当になによりも悲しいことだと思います。だから、それはお兄ちゃんにひどいことを言ってしまった罰なんかではないと私は思います。

聞いてみると、大切なものを障害のある弟に壊されてしまって頭にきて、弟をたたいて泣かしてしまったことで自分を責めているというお兄ちゃんもいました。いつも障害のあるお兄ちゃんにたたかれるのをずっとがまんしていたけど、どうしても嫌で、一度だけたたき返してしまって、それを後悔している弟もいました。みんなが自分の宝物や自分の体や気持ちを大切にするのは当たり前のことです。

弟に障害があるから、大切にしていたものを壊されてもがまんしなくてはいけない、お兄ちゃんに障害があるからたたかれてもがまんしなくてはいけないなんてそんなのおかしいですよね。だから、がまんしたり後悔してしまわないで、お母さんに「大事な絵が汚されて悲しかった」と伝えてみてください。

エピソード37

なんでも一人でできるよ

小さいときから、私はなんでも自分一人ですることができた。お母さんはいつも障害のある弟の世話で忙しかったから、一人でやってのけるようになった。子どもには持てないような大きな重い荷物だって、ずっと持って歩くことができた。そんなの平気だった。

近所のおばさんは「子どもなのに持ってきたの、えらいね」と声をかけてくれたけど、私にはこれくらいは当たり前のへっちゃらだった。お風呂に一人で入れるようになったのも、一人で留守番をするようになったのも、自分のご飯を作れるようになったのも、ものすごく早かったように思う。一年生の夏休みには一人で五時間も電車に乗って、遠くのおばあちゃんちに行った。だってお母さんには、一緒に行けるような時間はなかったし、見送りさえもできないことがよくあった。小さい子が五時間も一人旅をしていることに、よく驚かれたり珍しがられたりしたけど、それでも私は「ほっておいて。なんでも一人でできるんだから」と、大人たちが気づかって声をかけてくることが煩わしいくらいだった。なんでも自分でできることが当たり前だったし、大人の手を借りずに一人で考えて動けば、私にできないことなんてない、いつしか私はそう思うようになった。でもときには、子どもの力ではどうにもならないこともあった。

学校で明日使う教材にする空き缶を持ってくるように言われたとき、私は家のどこに空き缶があるかわからなかった。疲れて寝ていたお母さんを起こすのは申し訳なくて、一人で台所で空き缶探しを始めたけれど、見つかったのは中身が入ったままの桃の缶詰だった。この中身を出さなくてはいけないと思ったけれど、あいにく今度は缶切りの場所がわからなかった。仕方なく私は大きなハサミで缶に穴を開けようとした。ガンガンとハサミを打ちつけている音に気づいてお母さんが起きてきて「なにしてるの？」と聞かれたけど、私は、どうしても「明日空き缶が必要で、だからこうして……」ということを話せなかった。お母さんを起こしてしまったことが申し訳なくて、空き缶や缶切りを見つけられなかった自分のふがいなさがくやしくて、私はポロポロ泣いた。私はこんな情けない姿を見せてはいけないんだ。もっと自分がしっかりして、なんでも自分の力だけで生きていけるようにしなくてはいけないのに。失敗してはいけないのに。どうして一人でできないんだろうと思うとくやしかった。

解説

きょうだいは、障害のある兄弟のことで、いつも親が悩んでいるのを見ています。介護や世話で大変な姿を見ていると、できるだけ親の負担を軽くしようと思います。また、実際に手を貸してもらえることが少ないために、必然的に幼いころからなんでも一人でできるようになってしまいます。

そのことで親が喜んでくれたり、家庭内の雰囲気が少しでも明るくなった経験があれば、なおさら一人でがんばり続けることもあるでしょう。いつしかきょうだいは、なんでも一人でできるのが当たり前になって、そのことで「助かるわ」と親に言われたことを糧にして、そんな自分でい続けようとします。それは実際の年齢と合わない大人びた行動なので、しばしば周囲の大人たちを驚かすこともあります。まだ一年生の子が一人でお風呂で自分の髪を洗い、ドライヤーで乾かすこともあります。まだその年齢では一人でできなくてもいいことだと知らないのです。頼れる大人がいるならば、手を借りていいと知らないのです。大人に頼むことはいけないこと、恥ずかしいことだと思っている場合もあるのです。

ヒント

わからないことがあるのは子どもだから当たり前です。子どもはわからなければ大人に聞いてもいいのです。できないことは大人にしてもらえばいいのです。なんでも一人でできる必要なんてないのです。それをしっかり知っておきましょう。

わからないことやできないことを大人に聞いて、きちんとした知識を得ることは、すごく大切なことで、それが生きていくうえでの大きな力になっていきます。きっと、そういうことを知らないまま、いつも一人でそれを見つけていかないといけないと思ってしまっているのだと思います。困ったときに、誰かに聞いたり頼ったりできる力を今からつけていきましょう。それはとても大切なことです。

お母さんは確かに忙しくて疲れているかもしれません。だけど、お母さんなのだから、あなたはお母さんの子どもなのだから、助けてもらっていいし、気をつかう必要なんてないのです。お母さんもそんなふうに気づかわれて、自分の子どもが苦労しているのを知るのは悲しいことだと思います。よく考えたら、お母さんもお父さんも、先生だっていいます。きっと誰かに助けてもらえます。子どもらしく「できない」「手伝って」と頼んでみましょう。まだ急いで大人になる必要なんてないと思います。

一人でなんでもできることだけが立派なことではないと知ってください。なんでも自分でしなくていい、もっと気楽に生きていいと思います。

3

高校生から大学生

生活範囲が広がり、家族を少し客観的に見られるようになります。将来のこと、自分自身の生きかたを選び、大人としての一歩を踏み出すための大切な時期です。

エピソード38

弟と過ごす時間が少なくなった

僕には自閉症の弟がいる。スーパーでは、ちょっと目を離すと自分の好きなコーナーに勝手に走って行ってしまって、勝手にお惣菜を食べようとしてしまうことがある。弟は一人では留守番できないので、お母さんが買い物に行くときには、僕が弟と留守番をするか、僕もついて行って弟の見張り役をしていた。

中学生のころは、弟はいつも僕と一緒で、僕の言うことはよく聞いた。お母さんが「よく面倒を見てくれるから助かるよ。」と言ってくれるのが、僕はうれしかった。

僕は高校生になった。歩いて一〇分の中学校とは違い、高校へは電車とバスを乗り継いで一時間くらいかかる。朝は今までより早く起きて、七時過ぎには出発しなくてはいけない。僕が朝ごはんを食べているころ、弟はまだぐっすり寝ている。今までは弟はうれしそうに僕のまねをしながら歯磨きをしていて、ときどきはきちんと磨けているかをチェックしてあげることもあった。その間に、お母さんはお皿を洗うことができていたのだと思う。今は、授業が終わってから、そのままバスにすぐ飛び乗ってまっすぐ帰ってきても家に着くのは五時近くになる。部活をしたり、帰りに友達と話をして帰ってきたりすると七時近くになってしまう。

これまでは、毎日のように夕方は、弟と留守番か、一緒に買い物に行く生活だったから、自分一人の時間は弟が寝たあとにしかないという感じだった。でも今は、朝の電車やバスでゆっくり本が読めるし、帰りに友達と話したり、本屋に寄って立ち読みして帰ることもできる。今までそんなことができなかったのですごくうれしい。でも僕がいないので、お母さんは一人で弟を買い物に連れて行かなくてはならない。はじめは弟が走り回ってしまって大変だったと聞いたけど、今はおとなしくついていっているらしい。最近はなにかあるとお母さんのほうに行くようになった。お母さんもだんだん弟に言うことを聞かせられるようになってきたみたいだ。それを聞いてなんだかほっとしたような気がしたけれど、正直言うと僕は少しさみしかった。でもこの先、ずっと一緒にいられるわけじゃないから、それは仕方のないことだと思うことにしたんだ。

解説

きょうだいが中学生くらいまでは、学校も家から近く、家で過ごす時間も長いので、買い物や留守番など、なにかと兄弟一緒にいることが多いものです。

高校に通うようになって、通学の時間や家族とはかかわらない時間が増えていくのは、一般的に考えても普通のことだと思います。今までは（日中は）母親、障害児、きょうだいの三人の関係だったのが、だんだんと母親と障害児の二人の関係に変化していきます。きょうだいの手助けが重要な役割を占める家族では、きょうだいがなるべく家から近い高校を選ばなければならないこともあります。きょうだいの意向とは関係なく、部活には入らずにまっすぐ帰ってくる約束をしなくてはいけない場合もあります。そのことはきょうだい自身の人間関係に影響したり、好きなことができないというストレスにもなってきます。

きょうだいが家にいる時間が少なくなれば、それまでとは家族内の関係性や距離が確実に変化していきます。きょうだいが成長し自立していくためには、このような関係の変化は避けて通れないでしょう。小さいころの関係は、この先ずっとは続いていかないのだということをきょうだい自身も両親も考えていかなくてはいけません。

ヒント

今までは本屋で立ち読みしたり、ゲームセンターに行くなんてことは、なかなか気軽にできなかったのではないでしょうか。高校生になって、自分の時間をもつことができるようになったことで、そのぶん、弟をお母さん一人に任せているのがちょっとかわいそうとか、大変だと思ったり、少し気が引けるような気持ちにもなってしまうかもしれません。

高校生になって、自分が好きなことをしたり、遊んだり、楽しんだり、ときには思う存分、外で勉強したりといった時間をもつことは悪いことではありません。だから、本当はお母さんたちに遠慮をすることもないと思います。家に帰って、お母さんが疲れていたりすると、申し訳ないと思ってしまうかもしれませんが……。

その申し訳ない気持ちは、長い休みのときに、数日だけでも弟の面倒をみる日をつくることにするということで、いつもできないぶんを補うことにしてはどうでしょう?

そして、あとは思いきり高校生活を楽しんでいきましょう。高校生活は今しかないのですから、その時期は自分のために過ごすことが大切です。いいお兄ちゃんとして今まで自分が一番に面倒を見てきたからこそ、自分がいなかったら家族が大変になってしまうのではないかと心配してしまうのもわかりますが、意外にも、自分がいない場合でも、お母さんたちはどうするかを考えていくようです。案外なんとかなってしまっていて、拍子抜けすることもあるものです。

エピソード39

福祉にはかかわりたくない

「福祉」という言葉が嫌いで、福祉の仕事にはつきたくないと昔から思っていた。「障害があるのにがんばっている人」を取り上げるテレビも嫌いだから見ない。「障害者はみんな、素直で素晴らしい」というような話も好きじゃない。そんな立派なものじゃない。障害のある人が出てくるドラマも、ばからしいから見ない。すごくいい人そうな障害者が出てきて、いい人そうな家族が出てきて、そんなのおかしいと思うから。嘘っぽくて、あまりに気持ち悪い。そういうのを見て泣く人はなにに感動するのかな？「かわいそうだけど、それを乗り越えてがんばっている感じ」が感動なんだろうか？

だからといって、まわりに勘違いされたくないのは、私は障害のある弟が嫌いなわけではないということ。障害があるからかわいそうだとか、障害があるのにがんばっているという評価でなく、正しく弟のよさを知ってほしいと思っている。そんな人がいたらいいのに。でもそんな人なんていない。福祉で働いている人はみんな「わかるわかる」という優しそうな顔をして近づいてくるけれど、みんな本当は、心の奥では「かわいそうに」と思っているんだと思う。一体なにをかわいそうだと思っているのだろう。そんな目で見られると腹が立つ。だから私は福祉の人たちと一緒にはなりたくない。

解説

きょうだいは成長していくなかで、障害というものに対する世間のとらえ方を知り、それに反発したり混乱したり拒否したりする時期もあると思います。

高校や大学などに進学すると、「障害のある弟がいる姉」であることが周りに知られていないことも多いので、きょうだいであることは常につきまとってはいません。そのため、きょうだいは都合よく使いわけて、ときには「障害などの特別視されるもの」とは関係がないという顔をしたり、「障害などの特別なもの」に関係する一人としてふるまうことができます。

関係ないふりをしていても、心のなかでは、「障害のある弟のいる姉は立派な人」という幻想をもたれてしまうことや、福祉に対しての、「純粋なもの」というようなイメージが鼻についてどうしても許せないと強く思っていることもあります。世間からの変なイメージやとらえ方を、極端に嫌になってしまう時期があるのです。多感なころだからこそ、反発していても、いつも関心はそこに向けられていて、特に敏感にとらえ考えてしまいます。だからこそ反発がより強くなります。拒否していたいのに気になって仕方がなくて、嫌だと言いながら、障害のある人の出るドラマを見て、そして「結局こういうドラマか」と、またがっかりしたりもします。でも心のなかでは、正しくわかってほしいという気持ちが強いのです。

きょうだいも大人になるにつれてだんだんと世間の見方も仕方がないと受け入れていくこともあります。

ヒント

ドラマは嘘っぽく感じ、テレビなどで取り上げられる障害者や福祉はよいことや素敵すぎることばかりで、本当は全然違うと思って頭にきてしまうのがよくわかります。

「障害があるのにがんばっていてえらい」なんてほめられているのかなんだかよくわかりません。そういうことにイライラしたり、嫌になったりというのは、たぶん周りが正しい姿を理解していないのをあなた自身がわかってしまうからでしょう。それはあなたがしっかりと障害のある人や弟のことを見ていて、知っているからなんだと思います。だから正しく知って評価してほしいと思うのだと思います。障害があることですごく下に見られていたり、不自然に持ち上げられすぎてしまっていることを知っているからなんですよね。

確かに世間では障害者は純粋な人などというふうにとらえられていることもあると思います。現実とは違うことはあってもそれはなかなか変わらないなと思います。障害のある人を身近に感じられない人には、仕方のないことなのかもしれません。弟がいるから今後、福祉にまったくかかわらないというのは難しいかもしれないけど、嫌なところにはあまりかかわらないようにしたほうが、自分がイライラしなくて済むかもしれません。わざわざイライラする必要はないわけです。テレビを見て、はじめて障害者の存在を知る人もいるのですから、ドラマなどは知ってもらう機会だとプラスにとらえてみてはどうでしょう。怒りすぎても仕方がない、わかっている人はわかっている、それだけで十分です。わかっている人たち同士で「なんだよあれ。変なの！」と、ときどき愚痴を言い合ってみましょう。意外とすっきりするものです。

エピソード 40

落ち込んでいる親を見ていてつらい

「もう無理なんだ」と感じた。その日はお兄ちゃんのパニックが止まらなかった。いつもは少し時間がたつと、嘘のように静まって、布団の中で少し休んでから大好きな海苔を食べるために台所に出てくる。

でも、その日は止まらなかった。お兄ちゃんのパニックが激しすぎて、お兄ちゃんがどうにかなってしまいそうでものすごくこわかった。お母さんも同じだったと思う。悲しさと怒りとどうしようもないイライラが、パニックが止まらないお兄ちゃんを取り巻いているようで、それは私とお母さんにも移り、私たちは動けなくなっていた。そこにお父さんが仕事から帰って来た。

それでも止まらないお兄ちゃんは食器棚のほうに行き、お皿を出して投げはじめてしまった。それから、お父さんとお母さんは必死になってお兄ちゃんが暴れるのを押さえた。お兄ちゃんを力づくで押さえつけている両親があまりにつらそうな顔をしているので、私は見ていられなかった。

お兄ちゃんが暴れるのが少し収まってきたところで、お母さんがどこかに電話をかけている。「もう無理かもしれません」そうお母さんは泣きながら話した。そして放心状態で泣いているお兄ちゃんを車に乗せて、お父さんとお母さんは出かけて行った。でもその後、お兄ちゃんは帰ってこなかった。お父さんが「入院したよ」とだけ言った。私は入院してしまったお兄ちゃんよりも、激しく落ち込んでいる両親を見てうろたえていた。大事に育ててきたお兄ちゃんを無理やり押さえつけてしまったことを両親がものすごく悔んでいるのが痛いほどわかる。いつもとても優しいお父さんだからこそ、そんなことはしたくなかったに違いなかった。私はなにも両親に声をかけられなかった。なにを言ったらいいかさえわからなかった。お兄ちゃんはそれから長い間家に帰ってくることはなかった。それから先もその日のことは家族全員の忘れられない心の傷になってしまった。

解説

障害のある兄弟の成長に伴う病気や障害の変化には、家族の一員であるきょうだいもともに向き合います。成長は喜ばしいことのはずですが、難しさもそれなりに増えていくことがあります。

成長したきょうだいは、幼いころよりも、物事がよくわかるようになったぶん、さまざまなことを理解できるようになっています。よくわからなくて不安に思っていたこともだんだんと解消されてきていたりします。それはそれで、安心につながっていくこともあります。けれども、わかりすぎるからこそ、障害の引き起こす困難さや、そこからくる切なさを味わうことになります。社会の仕組みのふがいなさに腹を立てることも増えるかもしれません。いろいろなことがわかるようになったぶん、両親が障害のある兄弟に対して限界を感じているのに気づいたり、両親の老いを感じてしまうのも、きょうだいにとってさみしいことです。そのことからは逃れられるわけではなく、そのことに向き合っていく場面が必ずいつかはやってきてしまうのです。

ヒント

お兄さんの不調は大変なことでしたね。精神面でどんどんストレスがたまってしまったときに、解消する方法が難しくなっていたのかもしれません。場面を変えてリセットするためには入院することも一つの方法だと思います。

これからは、医療面も含めて、今後のお兄さんの体調のことを考えなければいけないのかもしれません。そこからは、家族の力だけでは難しい場合もあるので、しっかりと専門家の力も借りてください。

それよりもあなたが今、心を痛めているのは、今回とても傷ついてしまった両親のことだというのがよくわかります。親が傷つき悩んでいる姿を見るのはとてもつらいことです。私自身も急に入所が決まって弟がいなくなったときに抜け殻のようになってしまった母親の姿を見ているのはつらかったです。そのときは、母親はこのまま立ち上がれないのではないかと心配して、毎日のようにきちんと眠れているか、きちんとご飯を食べているかを確認していました。

すぐに元気になるのは無理かもしれません。時間はかかるかもしれないけど、ゆっくりと元気になっていくと思うので、それを信じて待ちましょう。お兄さんもお母さんもお父さんもきっと大丈夫です。心配しすぎて、あなた自身が病気になってしまわないように。学校で友達とのなかでも楽しいことを見つけて笑っていきましょう。あなた自身もいつもと違うお兄さんや両親の姿を見て驚き傷ついているはずです。そのことは学校で話せないかもしれないけれど、少しずつ家族のなかで話していけるといいですね。そのほうが早くみんな楽になれるかもしれません。

エピソード 41

お兄ちゃんだけが心の支え？

兄が施設に入所した。それからというもの母はふさぎこんでいる。心身ともに障害の重い兄を抱え、母は毎日大変そうだった。兄の介助を一人でやりきり、自由に出かけることもできなかった。兄が生まれ、次に私が生まれ、母はゆっくり休んだことがなかったのではないかと思う。

兄が思春期になると、ますます大変になった。私や父はうまくかかわることができず、母だけが根気よく兄のこだわりや葛藤につきあった。それでも母は毎日、明るかった。「今日学校でこんなことができたらしいのよ。お兄ちゃんすごいよね。がんばっていてえらいって思わない？」と、自分のことのように母は私に自慢した。いつでもどんなことでも兄のことを大絶賛する母に、少々私はムッとして、私のこともそれくらいうれしそうに話したらどうなの？　と心の中で思う。それでも母は「お兄ちゃんはえらいわ。少しは見習いなさい」と言いながら、兄の頭をなでた。

施設に入所することが決まったときも、母は「お兄ちゃんはえらいわ。あなたより早く家を出るのよ」と言い、兄が家を出ていくための準備に精力的に取り組んだ。理解できているのかよくわからない兄に向って、これからは家を離れた場所で働きながら生活するということを一生懸命言い聞かせていた。そして、晴れて兄は家を出て行った。家族全員が、すぐに帰ってきてしまうのではないかと心配していたけれど、兄はそれほど混乱することなく新しい生活の場で落ち着いて暮らしはじめたらしい。「お兄ちゃんはえらいわよね」と、母はまた私に自慢した。でも、そう言った母はどこかさみしそうだった。

それから母はどんどん元気がなくなっていった。一日の大半を占めていた兄の介護がなくなったのが大きな原因かもしれない。やることがなくなってしまって困っているように私には見えた。ソファーで元気なく寝ている姿なんて生まれてはじめて見た。母はどうなってしまうのだろう。私はすごく心配になった。「お母さん大丈夫?」と声をかけた私に、母は力のない声でこう言った。「お兄ちゃんがうちからいなくなって、支えがなくなってしまったみたいなの。なにもなくなってしまった。どうやって生きていったらいいのかな?」。私はなにも答えられなかった。子どもは兄だけではなくて、私もお母さんの子どもなんだよと思ってみたけれど、私では母の支えにならないことはわかっていた。

解説

障害のある子は誰かの支援がなければ暮らせないため、幼いころから母親が世話をし続け、大人になってもほとんどの役割を母親が担っていることが多くあります。そのため、きょうだいには、母親はいつも障害のある子と一緒で、離れずにいるのが当たり前のように思えます。母親は、障害のある子への評価がそのまま自分への評価であるように思ってしまうこともあります。成長とともに、障害のある子にまつわる課題(健康や進路)や関係は増えていき、母親を取り巻く世界もその子に関係するものばかりになりがちです。ほとんど母親の一部となってしまうような障害のある子どももいます。

進路を選択していくような年齢になると、なかには家族から離れて地域のグループホームに入るなどして、自立をする人もいます。今まで一体化していた母親と障害のある子との分離がはじまるのですが、これが思いのほか母親にはつらいものとなるようです。それまで自分なしでは生きていけないと思って必死で世話をしてきた障害のあるわが子が、自分と離れてもなんとか生活をしていけることを知り（その後の人生を託していくためには必要な作業ではありますが）、母親は心の支えや目標を喪失してしまいます。

それを間近で見ているきょうだいはあまりの母親の変わりようや落ちこみように不安になることがあります。同じ母親の子どもであるはずの自分と兄弟との「母親のなかでの位置づけ」の明らかな違いを実感してしまうこともあります。「手のかかる子ほどかわいいってことだよね」と悲しそうに笑うきょうだいがいます。

ヒント

お母さんが、いきなり別人のようになってしまってびっくりしましたね。あなた自身もお兄さんが家を出たことによる家の中の雰囲気の変化にまだ落ち着いていないのではないですか?

これまで一緒に暮らしていた家族が減るということは、家族みんなにとって大きな変化です。一番影響力の大きい、家族の中心だったお兄さんがいなくなったのだからなおさらです。変化が落ち着いて、今の人数での家族の新しい暮らし方ができていくには、もう少し時間が必要なんだと思います。焦ることなく、今までとは少し違う、自分のちょうどいい家での暮らし方を探していきましょう。お母さんも、だんだん気持ちが回復して、元気なお母さんに戻っていくと思います。お母さんには、今までよりもきっと余裕が出てくると思うので、これからはもう少しあなた自身の気持ちを話せる時間をつくっていってもいいと思います。そして今よりもう少しお母さんとの関係に満足してから、あなた自身の自立が迎えられるといいと思います。これは今しかできない大切なことです。私はこんなふうに感じていたんだよということが話せるようになるといいですね。

それから、経験者からのアドバイスです。お兄さんの世話をすることを生きがいにしていたお母さんが、その代わりになるものを探そうとしたとき、あなたを目的にしてくることもあるから要注意です。突然、食事療法に凝りだして試すようにいわれたり、結婚相手の心配をされたり、着る服に口出しされたり、髪型をチェックしだしたり……。とにかく、今までそんなことを気にしなかったのに、積極的にかかわってきてしまうことがあります。そういうときはきちんと「私は自分で決められるから、お母さんは口を出さないで」と伝えていきましょう。お母さんには別の楽しみを探してもらいましょう。

エピソード 42

どうして親は変わらないのだろう

その日、兄は朝からイライラしていた。朝から兄の不機嫌な声が私の部屋まで響いてくる。「あぁはじまるな」と思いながら、憂鬱な気分で起きた。明日からテストがはじまるから、今日は家で一日勉強しようと思っていたのに、これではできそうもない。私はさっさと図書館に行く準備をはじめることにした。兄のイライラ声に両親がピリピリしているのがわかる。そして、お父さんが怒り出すというのがいつものパターンだ。お母さんは横からお父さんに「やめなさいよ」と言うけれど、お父さんはそうなると聞く耳を持たない。お父さんが怒りだしたら、自閉症の兄は一気にパニックになって泣き暴れる。そうなったら家のなかはめちゃくちゃになり、泣き声と大声が飛び交ってうるさくて、テレビの音さえ満足に聞こえなくなる。「いったい何年、自閉症の子の親やってんのよ。バカみたい！」。いつものパターンを想像して、私自身もイライラが止まらないまま、教科書を乱暴にかばんに詰め込んだ。

いつも親のやり方には納得がいかない。母はいつも兄の靴下をはかせてあげている。自分ではけるのだから、自分でやらせればいいのに。「甘やかしすぎ」と私が言うと「いいの、私がいろいろやってあげるの」と言う。兄はコンビニの弁当が大嫌いで、母親の作った弁当しか食べない。しかも食べる前に電子レンジで温めないとだめだ。「お兄ちゃんはぜいたくだよ」と私が言っても、母は「違いのわかる男なの」とか言いながら、お弁当を温める。いつまでも赤ちゃんみたいに扱うのはおかしいと思うけど、母はなんとも思っていないみたいだ。

兄の施設では宿泊の練習をしている。でも兄はこの宿泊の練習をしていない。母は「まだ必要ない。あの施設ではテレビも好きなように見られないでしょ?」と言っているけれど、そんなこと言ってる場合じゃない。まったく! 考えていたらますますイライラしてきた。母は兄のことがかわいくて、いつも甘やかしている。そして父はいつもどなりつけて兄を怒らせてしまう。やり方を変えなくてはいけないことはわかりきっているのに……高校生の私だってそう思っているのに。どうして、両親は何も変わらないんだろう。

解説

家族の大変さを日々見ているきょうだいは、家族のやり方や親のやり方は本当にこれでいいのだろうかと疑問をもってしまうことがあります。生まれたときから障害のある兄弟と接してきたきょうだいは大人とは違う方法でかかわるため、素直に兄弟自身を受け入れ、いつしかうまく対応できるようになっていたりします。実際に、きょうだい自身が福祉や教育を学ぶこともありますので、大学生くらいになるとそこで数多くの情報に触れることになります。そのことで、それまでの障害に対する見方が変化したり、もっと違うやり方があるのではないかと感じたりすることがあります。そして、これまでの親のやり方を変えようとしたり、親の考えに反発してみたりすることもあるのです。

きょうだい自身が、将来、どのように兄弟姉妹の世話をしていこうと考えているのかによっても、親の考え方との違いが出てきます。親には、まだ具体的には将来のことを考えられない（考えたくない）という感情が働くため、考えるのを後回しにしたり、曖昧にごまかしたりすることもあり、より具体的に考えて可能な限りの準備をしておきたいというきょうだいとぶつかりあうこともあるのです。

ヒント

結果がわかっているのに、両親がいつも同じことを繰り返しているのを見ているとイライラしてしまいますよね。ずっと一緒に暮らしていると、どうしても変えられないものがあるような気がします。

お母さんもお父さんも年を重ねて、なかなか考え方ややり方を変えられないのだと思います。私も親のやり方に真っ向から反論してみたことがありますが、ケンカになってしまって、親をそのことでずいぶん傷つけてしまったことがあります。そうしたほうがいいと親自身もわかっていても、なかなかうまくいかなくてあきらめたのかもしれないですし、かつて同じようなことを学校の先生に言われて腹が立ったことがあったのかもしれないですし、そういうことが全部思い出されてしまって、親はもっと怒ってしまうこともある気がします。

「なんだ。こういうやり方もあるじゃないか」と思ったら、それをちょっとずつ試していくぶんにはよいと思います。ただ、やり過ぎると家のなかに学校の先生や福祉の関係者がいつもいるような感じになってしまって、お兄ちゃんがいづらくなってしまうかもしれないから気をつけてくださいね。

親が、「妹が怒るから一人で靴下をはきなさい」なんて言っているのを聞くのも嫌ですよね。

新しいやり方を取り入れてみて、それでもやっぱりうまくいかないこともあると思います。学校や福祉施設ではできても、家庭では難しいこともあります。

エピソード

43 友達には自分から話すべき？

弟と僕はずっと同じ学校で、弟は特別支援学級に通っていた。小学校のときは、廊下でいきなり大声で変な歌を歌い出したりすることがあったから、学校で弟はいつも目立っていた。だから僕はからかわれることも多かったし、先生たちも弟のことをいつも報告してくるから、誰にも言わなかったけど、僕はいつも嫌な思いをしていた。

中学校でも、まだ弟は入学前だったのに、弟のことを知っている同じ小学校の友達が「あいつの弟は来年来るけど、小学校ではドミソなんだぜ」なんてことをネタに僕をからかった。だから、結局は弟が入学してくるころにはみんなが弟を知っていた。

僕は家から一時間くらいかかる高校に入った。同じ中学校の人は一人もいなかった。だから当然、弟のことを知っている人はいない。弟のことでからかわれない日々がやっとやってきた。とても安心できる時間だった。でも、今度は「お前の弟、何年？」とか「お前の弟、何部？」なんて聞かれるようになってきた。とりあえず、「中二」「帰宅部」って答えた。ときどき、弟の世話をしなくてはいけなくて早く帰ることがあった。ある日、遊びに誘われて、つい素直に「今日は弟の世話をしないといけないから、だめなんだ」と言ってしまった。そう言ったら、「はぁ？　なんで？　お前の弟、中学生じゃん。なんでお前がいないといけないの？　幼稚園児じゃないんだから」と友達から言われて、どう説明したらいいか悩んでしまった。そうか、今まではみんなが弟のことを知っていたから、「弟の面倒をみる」って言えば納得してくれていたんだっけ。

たまたま授業で障害者の話が出たとき、仲のいい友達にだけ「実はうちの弟には障害があるんだ。だからいろいろ世話をしなくてはいけないこともあるし、中学までは同じ学校だったけど、高校は特別支援学校に行くみたい。この話はほかの人にはしないでほしい」と話した。その友人は「そうか。ほかではしゃべらないから」とだけ言った。それ以来、弟の世話で早く帰らないといけないときには、その友人には細かく話さなくてもわかってくれたし、ほかの友達にもうまく言っておいてくれたみたいで、気をつかってくれていてありがたかった。それからもときどき、兄弟や家族のことは話題に上がってくる。そのたびに適当にごまかして話をした。さすがに友達全員には弟のことは言えない。だって、またからかわれるのは嫌だから。

解説

小・中学生のときは地域の学校に通っていても、高校は地域から離れたところへ通うことが多いと思います。それまでは、嫌でも障害のある弟のことを周りの友達に知られているという状況でしたが、これからは必要なときに、自分から友達に伝えていくことになります。でも、実際に弟のことを知らない人たちや障害とは無縁の人たちにどう説明するかは、けっこう難しいものです。家族構成（兄弟の有無）というのは比較的身近な話題です。年齢や性別はもちろん、その兄弟が異性であれば、仲間内で「かわいいのか」「かっこいいのか」という話になることもあります。場合によっては「紹介しろよ」なんて言われたりします。進学先や部活などが話題になるのもよくあることです。

仲が良く、なんの問題もない兄弟同士であれば、なにも考えずに答えられる内容なのですが、きょうだいたちはそういったときに毎回どう答えればいいのか考えてしまいます。ごまかして、後から苦労してしまうこともあります。

ヒント

中学校までは、同じ学校で障害のある弟のことをからかわれてつらいこともあったと思います。高校からは弟のことを知らない人たちばかりで、それはあなたにとってははじめての安心だったのではないでしょうか？　家族のことを知らない自分だけの付き合いの友達というのは、これから大人になっていくうえで、すごく大事な存在です。だけど、そこからの友達には、自分の兄弟のことを伝えたいと思ったら、自分で選んで話していかなくてはいけないのです。弟のことを知らない人たちになにげなく「弟はどんな人？」と聞かれてしまって、なんて答えようか悩んでしまうこと、よくわかります。なんでも正直に話すのももちろん一つの方法です。けれども、話して面倒になってしまうのも、変なふうに周りに言われてしまうのも嫌だというときには、無理に話さないという選択も自分を守るための一つの方法だと思います。

適当に作り話をするのもいいけれど、だんだんつじつまが合わなくなったり、無理が出てきて疲れてしまいます。嘘をついていたのがバレてしまった後がもっと大変です。嘘をつきすぎない程度に軽く話して、さっさと違う話に切り替えてしまうとか、いろいろ方法はあると思います。でも、本当は不自然に隠さずに、気楽に話せる友達もほしいし、仲のいい人には隠したくないのではないでしょうか。わかってくれる人はわかってくれると思いますよ。仲のいい人ならなおさらです。「この人には知ってほしい」と思える人をたくさん見つけていきましょう。そう思った人なら、きちんと説明すれば、きっとわかってくれると思いますよ。

エピソード 44

福祉の世界に進むかどうか

僕には、自閉症の兄がいる。その兄と一緒にプールに行ったり、兄と同じ特別支援学校の人たちとハイキングに行ったりするのは楽しくて、小学校のころからよく一緒に出かけていた。兄の仲間たちは、みんな一風、変わってはいたけどいい人たちだし、結構おもしろいことをしたりするから、一緒に出かけるのは本当に楽しかった。高校生になると、今度は自分がボランティアとして、兄以外の障害のある人とも出かけたりした。小さいころよりはいろいろと物事がわかるようになってはいたけれど、そのときでも障害のある人と一緒にいるのは苦ではなかったし、言葉のない人と一緒にのんびりベンチに座っていたりすると、どこかでほっとしている自分もいた。ときどき、さっきまで穏やかだった人が、いきなり怒り出したりすることがあった。兄も家の中でときどき、同じような感じだったから、そんなときはドキドキしながら見守ることしかできなかった。福祉を勉強している大学生のボランティアさんは、そんなとき、とてもうまく対処していた。優しく声をかけるとだんだんとその人は落ち着いていった。「どうやったらあんなふうにできるんだろう」と思った。兄にもあんなふうに声をかけたらいいのかもしれないな。

来年は大学受験だ。お母さんは「なんでも、あなたの好きな勉強をしたらいいよ」と言っている。でもなんとなくだけど、お母さんはどこかであのボランティアさんたちのように福祉の勉強をしてほしいと思っているようだ。だって僕が「ボランティアに行く」という話をしたとき、すごくうれしそうだったから。僕も大学で勉強して、あのボランティアさんたちのように障害のある人たちとうまく接することができるといいなと思うことがある。でも、お母さんは「福祉の仕事は給料が安いからやめたほうがいいよ」なんてことも言ったりする。どっちがいいって思っているのかよくわからないけれど、そういう仕事につけば、絶対お母さんは喜ぶだろう。それはよくわかる。この前来ていたボランティアさんも、弟に障害があるって言っていたらしい。もしかしたら福祉の大学に行ったら、僕と同じような人たちに出会えるかもしれないな。でも……もっとほかの勉強をしたい気もする。前にテレビで見たことのある「弁護士」にもあこがれる。「迷う前に勉強したら」と言われそうだけど、どうしようか悩んでしまう。

解説

きょうだいは小さいころから、障害のある兄を通じて多くの障害のある人たちと出会うことがあります。同時に多くの医療関係者や教師、福祉関係者やボランティアとも出会うことになります。ある程度大きくなると、自分からボランティアに参加するきょうだいもいます。はじめは、自分は昔から障害のある人たちを知っているし、障害のある兄に接しているからなにかできるだろうという気持ちがあると思います。でも実際にはじめてみると、なにもできない自分に気づいたりもします。そして、ボランティアとしてほかの家族や障害のある人と出会うことで、自分の家族や障害のある兄のことを客観的に見ることができ、そのことは貴重な経験となります。

自分の進路を考えるとき、なじみがある医療や教育、福祉関係の学校などを考えることは、よくあることかもしれません。「○○になりなさい」と直接言われなくても、親がなんとなく期待をしていることを感じ取っていたりします。そのようななかで、どんな進路へ進むべきか、きょうだいは迷います。多くの選択肢のなかから選ぶというよりも、まずはじめに「福祉の道」「福祉以外の道」から選択をしていることも少なくないようです。

ヒント

ボランティアをしていると、「もっとこんなことが知りたい」と思ったり、お兄さんのことで今までわかっていなかったことがわかったりすることがあります。そう考えると、今後のお兄さんのことや障害のことなどを詳しく知りたいから、福祉系の大学で勉強したいという気持ちが出てくることもよくわかります。でもそれとは別に、家族と関係のない世界のことを学んだり、職業としてみたいという気持ちがどこかである気もするし……。その両方に挟まれると結構悩みますよね。

もし親の期待からではなく今の自分の興味で、福祉の方向に進んだとしても、はじめは勉強もおもしろかったけど、専門的に勉強していくと、自分の思っていることと違ったり、お母さんの言うようにお給料があまりよくないという現実に直面することがあるかもしれません。それらを嘆きながらも、張り合いをもって仕事をしている人たちもいます。働いている素敵な人たちにどんどん会って、自分の将来の目標を探してみるのもいいかもしれません。

それから、福祉にこだわらずに自分のしてみたいことがあるかどうかもよく考えて、選ぶといいと思います。人生最後の究極の選択ではないので、違うと思ったらまた選択し直せばいいのです。全然福祉と関連のない大学に行って企業に勤めたけれど、福祉が勉強したくなって、仕事を辞めて大学に入り直したというきょうだいもいました。そういう選択でもいいと思います。いつからでも遅くないと思うので、今のいろんな可能性を楽しんで考えられるといいと思います。いろいろ考えすぎて面倒になって、親も期待しているし、もう福祉でいいやという消極的選択もあるとは思いますが、ボランティアをするだけなら、どんな大学に行っても、仕事をしていても続けられますし、自分と同じ境遇の人たちに出会うには、きょうだいの会などもありますよ。

エピソード45

親のレールに乗ってここまで来たけれど…

弟は絶対に治らないといわれる脳の病気で、入退院を繰り返している。弟はほとんど話をすることはできない。だから、私と同じように学校に行ったり、外で遊んだり、塾に行ったり、修学旅行に行ったりということもできなかった。お母さんは、そんな弟をなんとかしたいと、いろいろな医者にみせていた。でも、いっこうによくなる気配はなく、毎年三か月間くらい入退院を繰り返す生活だった。

小学生のとき、お母さんに「お姉ちゃんは勉強ができるんだからお医者さんになって、弟の病気を治してよ」と言われた。それを聞いて、私は弟のことをなんとかしたい、一生懸命勉強しようと思った。放課後、友達と遊ぶのもやめ、進学塾に通った。一生懸命勉強するのにはじゃまだと思ったから、部屋に貼ってあった大好きなアイドルのポスターもはがした。弟の世話で大変なのに、勉強しているとお母さんが私のために夜食を作ってくれた。模擬試験のときにはお母さんが一緒についてきてくれた。そんなことははじめてだったから、すごくうれしかった。トップクラスの私立中学に合格できたとき、お母さんはすごく喜んでくれた。今まで見たこともないような笑顔だった。合格発表のときに撮った写真は今でも大切に居間に飾ってある。

中学に入ってからも、医学部を目指して、毎日放課後、塾に通った。塾と学校以外のところに行った記憶はほとんどない。唯一覚えているのは遠足くらいだ。けれどそのうち一回は、模擬試験前だったので、大事をとって休んだ記憶がある。

高校に入ると、さらに勉強一色だった。お母さんも弟をいろんな医者にみせたり、親の会の手伝いにも力を入れていたけれど、それでも私の勉強には付き合ってくれていた。「これからは女でも、腕が良ければ医者として認められるわよ」とお母さんは言う。「やっぱり、小児科がいいかしら？　それとも脳神経かな。やっぱり○○先生のいるあの大学の医学部がいいわよ」と、私以上に張り切って考えていた。

センター試験と二次試験。試験問題は解けたような感触があった。そう話すとお母さんは「これでわが家から医者誕生ね」とうれしそうにしていた。その顔をみて私はほっとしていた。やっと小さいころから目指していたものにたどり着ける。私はその安堵感でいっぱいだった。

合格発表当日、なぜだかわからないけれど私の受験番号はなかった。ここまで中学も高校もトップクラスで一生懸命がんばってきたというのに……。なによりも、お母さんを落ち込ませてしまったことが、大きなショックだった。

お母さんは、「もう一年頑張るのよ！　あなたなら大丈夫！」と医学部専門コースのある予備校のパンフレットを持ってきた。私はわけがわからないまま、予備校へ通った。五月になって、ふと「なんで医学部なんだろう？」と思うようになった。私は弟のこととは関係なく勉強は嫌いじゃない。むしろ好きなほうだ。最近は、考古学や史学にも興味をもちはじめている。でも、お母さんにそんなことは言えない。私には医学部に行く以外に道はない。そうでないとお母さんを喜ばせることができないのだから。

解説

障害のある子どもがいる家庭では、親がきょうだいに医者や看護師、特別支援学校の教師、福祉系の仕事、きょうだいが女性であれば、男性に頼らなくても経済的にやっていけるような公務員や弁護士のような仕事につくように強く期待することがあります。親からあまり注目されていないと感じているきょうだいたちはなおのこと、親の期待を一身に背負ってがんばります。実際には、きょうだい自身も障害のある兄弟のことを不憫に思い、それをなんとか治したいという気持ちがあるからよけいにがんばるのかもしれません。

ただ、きょうだいも、息切れしてしまうときがあります。うまくいくばかりではなく失敗してしまうこともあります。きょうだいは「なんでも一人でしなくてはいけない」「失敗してはいけない。そのことで親の手を煩わせてはいけない」と思って、幼いころからしっかり者になっていることがあります。そのため、思いのほか、失敗に対する耐性が弱く、傷つきすぎてしまったり、自分に高すぎるハードルを課し、なかなか修正できなかったりします。親の期待に添わない自分の意思はなかなか口に出すことができません。孤独なまま、深く悩んでしまうこともあるのです。

ヒント

よくここまでがんばってきましたね。一生懸命勉強していれば、親は自分の方を向いてくれたし、期待もかけてくれたから、だからすごくがんばってきたところがあるんですよね。でもがんばってもできないことも世の中にはたくさんあります。そして、親が思っているとおりには進まないこともあります。それで自分を責める必要はないと思います。スーパーマンじゃないんだから、思い切って「もうできないよ！」とお母さんに言ってもいいのです。「本当は別の勉強がしたい」と言ってもいいのです。人生は自分自身のもののはずで、お母さんや弟のためにあるわけではないのですから。だから自分のしたいことをしていいし、自分のために生きていいのです。そう言うと、お母さんは落ち込んだり怒ったりするかもしれないし、「そんなお姉ちゃんはおかしい」なんて言うかもしれないけど、本当は小さいころから今まで言わなかったことのほうが、おかしかったのかもしれません。もっと早く言ってもよかったことのはずです。

今、自分が感じていることや思いはじめていることを大事にしてください。そしてそれをどう自分の生き方に活かせるかが今後のあなたを支えていくことになると思います。いつまでもいい子でいなくてもいいし、ときには悪い子やずるい子になることも必要だと思います。自分のしたいように一気に変えるなんてことは、すぐにはまだ難しいとは思いますが、少しずつ変えていきましょう。お母さんともあきらめずに話していきましょう。今後、どうバランスよくお母さんとの距離をとっていくかが重要になると思うので、まずは今回のことをきっかけとして、考えたり話したりしてみましょう。

エピソード46

客観的に家族を見る

僕は高校を卒業し、東京の大学に進学した。親はできれば地元に残ってほしかったようだったけれど、親を説得するかたちで東京に出てきた。

親が地元に残ってほしかったのは、自閉症の兄がいて、その兄の面倒をみてほしいと思っていたからだ。親としては「大学に入った弟が車の免許を取って、兄をいろんなところに連れて行く」という勝手なプランを想定して、大学生になる僕に期待していたようだった。でも最後には親が折れてくれた。「大学が休みのときには必ず帰ってくる」という条件を僕が飲むことで、承諾してくれた。

一人暮らしをするようになった僕は、だんだんと一通りの家事は自分でできるようになっていった。僕は自立した大人になった気がしてうれしく思った。そして、約束どおりはじめてのテストが終わったその日に実家に帰った。

相変わらず実家では、兄は母になんでもやってもらっていた。実家に住んでいたときには、兄がいろいろとやってもらうことは当たり前だと思っていた。いつかは母はいなくなる。そのとき兄はどうするのだろう。今まで思ってもみなかったことがふと頭をよぎった。ほんの数か月でも家から離れたことで、自分に自立心が芽生え、そのぶん将来のことを考えられるようになったのかもしれない。

この先、兄は施設に入るだろう。そこでは母のようになんでもやってもらえるとは限らない。今からできることを少しずつ、自分でできるようになっておかないといけないだろう。僕がいなくなってから、今まで兄のことには一切ノータッチだった父が、日曜日に兄をドライブに連れて行くようになったという。父が自分から言い出したようで、それには母もびっくりしたらしい。僕がずっと家にいたら、父もそんなことはしなかっただろう。僕も、兄が自分でできることを増やさなければいけないなんて思ったりしなかったと思う。離れてみたら、家族にも自分にも変化があったことは、うちの家族にとってはよかったのではないかと感じた。

解説

きょうだいが進学を機に家を離れるとき、それは家族の大きな変化となります。きょうだいが家族のなかでなにか役割を担っていた場合や、成長した一人の大人として兄弟の世話を手伝ってもらえると期待していた場合は、親としてはできれば今までどおり家にいてほしいと思うことでしょう。親の話し相手として心の支えになっているきょうだいたちも多くいます。

きょうだいが自立し、暮らす場が変わることで、きょうだい自身の新しい暮らしが生まれます。今まで普通だと思っていたことが、当たり前ではないことに気づくこともあります。そこできょうだい自身の家族への見方が変わってきます。そのことが家族にとってもきょうだいにとっても有益な発見になっていくこともあります。

ヒント

一人暮らしをするようになって、自分の自由な時間ができたことで、今までできなかったことをできるようになって、気持ちが変化していくことがあります。それほど家族に縛られてきたわけではないと思っていたのに、実際一人で暮らしてみると、家にいたころはずっと家族のことや障害のある兄弟のことを中心に考えながら生活していたと実感した人もいるかもしれません。そういうのはやはり離れてみたからこそ気づくのだと思います。きっと離れなければ得られない視点なので、なんだか一気に大人に近づいた気もしますね。

もし、ほかにも進学で地元を離れるかどうか悩んでいる人がいたら、卒業後に帰ってくるかどうかは保留にしておいて、一度離れてみてもいいかもしれません。親は「車を買ってあげるから地元に残ってくれ」などいろいろ手を尽くしてくるかもしれませんけれど。

進学のときだけでなく、今後も節目ごとに——進路や住む場所、働く場所、転勤など——家族との折り合いも含めてどうしても思い悩んでしまうことはあると思います。できるときにできることをしてみて、こわがらずにさまざまな選択肢を広げておいたほうが、自分にとっても家族にとっても長い目で見るとプラスになっていくと思います。

家族から離れてみることで、違う見方ができるようになってよかった反面、また違う心配が生まれてしまったと思うこともあるかもしれません。悩みは尽きることなく年代ごとに現れてきます。結局は、それに一つひとつ向き合っていくしかないのかなと、少し成長し悩みが変化するたびに思ったりもします。

エピソード 47

話せる人を見つける

教育大生の僕の周りの友人は、みんな小学校の先生になりたいと思っている。みんな子どもたちのことを真剣に考えている。だからこそ、いろいろ話をしていて共感できる部分も多いし、わかり合える仲間たちだと思う。

実は、僕には、自閉症の弟がいて、今は特別支援学校の高等部にいる。周りの友人たちはみんな先生になるのだから、自閉症のことを話してもわかってもらえるだろうと心のどこかで思っていたけれど、それでもなかなか自閉症の弟がいるということは話せなかった。中学や高校のときのようにからかわれたり、引かれたりすることはないと思うのだけど、言えなかった。

ある日、帰りの電車で、ボランティアサークルに入っていて特別支援学校の先生を目指している友人に会って、たまたま家族の話になった。「そういえば弟がいるんだったっけ？　何校？」と聞かれた。少し戸惑いながらも、この友人なら障害のある人を見てきているし、弟の話をしてもわかってもらえるような気がした。だから今回は、思い切って話してみることにした。「弟は自閉症で、特別支援学校に行っているんだよ」。すると、その友人は「あぁそうなんだ。ボランティアで行ったことがあるよ」と返事をしてくれた。変な気をつかわない自然な反応に僕はほっとして、家での普段の様子や弟の担任の先生のことなんかを次々話した。弟が僕のかばんをかじった話をしたら、大笑いしてくれた。話しながら、自然にわかってもらえることがうれしいとしみじみ感じた。思い切って弟の話をしてよかったと思った。安心して弟のことを話せる存在ができた。でも、やっぱりほかの友人には話すことはできなかった。同じように聞いてもらえるだろうか、同じようにわかってもらえるだろうかと不安で、そのままずっと話せなかった。

解説

障害のある兄弟がいる場合、会話のなかで家族の話が出てくると、「相手が引いてしまうのではないか」「場の雰囲気を悪くするのではないか」「障害についてわかってもらえないだろう」「変に気をつかわれるのではないか」など、さまざまな思いが交錯し、自分の兄弟のことを話すのを躊躇してしまうことがあります。

「『家族のことで大変でしょうから、早く帰ってもいいですよ』と気をつかわれるのが嫌だ」というきょうだいもいると思います。ですから、なかなか障害のある兄弟のことが言い出せないのです。

「障害のある弟のことを恥ずかしく思っているから言わないのだ」と思われるかもしれませんが、真意はそうではないことも多いと思います。それでもきょうだいは、本当のことをごまかしたり、誰にも話さないでいるということに対して、申し訳なく思っていることもあるのです。

ヒント

障害のある弟のことを話して、それを普通に受け止めて聞いてくれる人ってなかなかいないですよね。子どものときは、周りもみんな子どもだから障害のある人のことについてなにも知らないのは仕方ないけど、大人になったら違うかな？　と少し期待していたのですが、実際大人になってみても、自分が気楽に話せて、変に気をつかわずに聞いてくれる人というのはなかなか見つけにくいです。

私が驚いたのは、福祉や教育を勉強している人なら、わかってもらえるかな？　と思って話してみても、すごく変に受け取られてしまうことが多くて、なかなか話せないことでした。でも、家族の他愛のない話を聞いてくれる人がいるなら、できればもっともっと話したいと思いますよね。ごまかすとか、嘘をつくのではなくて、うちの弟のおもしろいエピソードを友達に話して、できるなら一緒に笑い合いたいと思います。でもそこに「障害がある」ということがくっつくと、みんな笑ってくれなくなるのは不思議です。それでも障害のある子のことをよく知っている人に限らず、わかってくれて、一緒に笑い合える人はいると思います。話せそうな人や同じ感覚をもっていそうな人をどんどん探していきましょう。ときには「この人ならわかってくれる」と思って話したのに、ほとんど理解してもらえなかったという「失敗」をすることもあるかもしれませんが、それは仕方のないことです。その経験を積んでいけば、結構うまくわかってくれる人探しができるようになると思います。

「この人はボランティアサークルで障害のある人に接しているから、この人になら大丈夫かな」などと、いろいろと試行錯誤してみましょう。それが、わかってくれる人に出会える近道だと思います。

エピソード48

大切な人に話したらどう思われるだろう？

大学に入り二年が過ぎた。ある日、彼女の家に二人でいるとき、テレビをつけたら、障害者がバンドを結成して一生懸命練習する姿を取り上げた番組が映っていた。彼女が僕のほうを見て「こういう人たちって、変だよね？」と同意を求めるような感じで言った瞬間、気持ちがさーっと引いていった。本当に音がするようだった。その後どうしたか、なにを話したかは覚えていない。その日を境に、彼女とは会わなくなっていった。普通の会話さえもかみ合わなくなったような気がして、結局別れることになった。別れるとき、彼女に本当の理由を言えなかった。取り繕うような適当な理由をつけた。だから、彼女はなにも気づいていないだろうと思う。

今まで、何人かの人と付き合ったけど、障害というものに対するその人の価値観が自分とは合わないような予感がすると、話し合うことは避けて、すぐに別れることを考えてしまっていた。だから、いつも長く続かなかった。どうしたらいいのかわからなかったからだ。

教育実習で、ある女の子と知り合った。感じのいい子だな、と思っていた。実習中に、たまたまその子が障害のある子どもと上手に接しているのを見かけて、「いいな」と思った。自然と仲良くなって、実習後、付き合い始めた。その子には、今までの女の子には感じたことのない安心感があった。それでもまだすぐには無理かもしれないと思う。でも、今回は話せるような気がしている。自分がいつも付き合いのなかで引っかかっていたことも、自分の障害についての考え方も。そして今まで誰にも話すことができなかった自分の障害のある弟のことも、今回は話せるのかもしれない。

解説

友人や恋人との仲が深まれば、親近感が高まり、お互いの家族についても知りたくなってくることもあります。しかし、きょうだいたちのなかには心を悩ませている人もいます。障害のある弟のことを話したら、相手がどのようにその事実を受け止めるか、さらに打ち明けたことが、その後の関係にどのような影響を及ぼすのかについて不安になるのです。「相手に否定されるかもしれない」「重い内容の話だから嫌がられるかもしれない」など、不安はつきません。結婚まで視野に入れた恋人であれば、なおさらのことでしょう。

どのくらい障害について知識があるのか、どのように考えているのか、遺伝のことを心配されてしまうのか否か、相手の親や親戚は家族のことをどのように受け取るのかなど、考え出すと止まらなくなります。相手からなにを聞かれるのか、どのような反応をされるのか……。いろいろ考えてこわくなって、自分がこの関係をあきらめてしまったほうが楽になれるとさえ思ってしまうこともあるのです。

ヒント

恋人に障害のある弟のことを話すとき、いろいろな思いを巡らせてしまうのは当然です。うまく説明できるかどうかも不安だというのに、話してもわかってくれるかわからないし、拒絶されるかもしれないし……。弟の話をして、別れを切り出されたりなんてしたら……。そうなったらどうしよう……。考えれば考えるほど、不安は高まってしまうかもしれません。

だんだんと関係が親密になってきて、家族の話をするような機会が増え、そのたびになんとなくごまかしたり流したりしているのは不自然です。かえってぎくしゃくして、相手に「この人はなにか隠してる！」と不安に思われてしまうのでは悲しいですし。相手のことが大切であればあるほど、不安が強くなってしまうのは仕方のないことだと思います。けれど、そういう大切な人がいるなら、自分の不安と向き合って、その人に自分の弟のことを話す勇気は必要だと思います。その不安に立ち向かってみるしかないかもしれません。「ずっと話すのを不安に思っていた」ということも含めて、自分が選んだ相手なら大丈夫なはず！　と信じて、もう全てを話してみるのも一つの方法です。それでももしかしたら、関係が疎遠になってしまうこともあるかもしれません。疎遠になってしまったのは、あなたと付き合うのが嫌になったのではなく、「障害」に驚いたのかもしれません。相手が驚くのは当然でしょう。障害がある人たちと接したことがなかったら、わからないことも多いはずですから。

そのときは、自分にとっては真のいい関係ではなかったとあきらめるしかありません。それはものすごくショックなことですが、もうそれしかありません。本当に大切な関係であれば、ごまかさず素直に伝えてみるのがまずは大事だと思います。うまく説明できなくても、わからないことはわからないと伝えてもいいし、それでもあなたに聞いてほしいと言ってもいいと思います。そこからが本当に大切な人との関係になるはずだと、そうなってほしいと思うのです。

エピソード

49 福祉を学ぶ資格がないかもしれない

私は小さいころからいつも「もっとお母さんの役に立ちたい」と思っていた。お母さんは自閉症の弟のことでいつも困っていて、悲しそうな顔をしていた。弟が騒いでしまったとき、お母さんがどんなに困っていても、私はなにもできずにいつもただ見ていた。お父さんはいつも「仕事が忙しい」と言って、困り果てているお母さんを置いて出かけて行った。私はもっと役に立てる人間になりたいとずっと思っていた。だからもっとなにかできる人になりたくて福祉系の大学に入った。

あるとき、ゼミの教授が「ドアも引き出しも全部鍵をかけられて、いつも見張られているような生活ってどうですか？　生活の質はどうすれば保たれると思いますか？」と聞いたとき、私は昔の記憶がよみがえってきた。

夏休みにお母さんがどうしても出かけなくてはいけない用事があって、弟と家で留守番をした。弟は、家の前の公園に行きたいと騒いだ。でも、二人で行くのは無理だから、なんとか家の中にいなくてはいけなかった。弟は勝手に鍵を開けて出て行ってしまうことがあるから、玄関には鍵をかけたうえで、開かないようにドアノブのところにぐるぐると頑丈に縄跳びを巻きつけた。外に出られないことがわかると弟は、冷蔵庫から次々と食べ物を出して食べはじめてしまう。私は、「やめなさい」と怒り、弟をなんとか別の部屋に移動させ、もう開けられないように冷蔵庫の前に座り込んだ。弟はすることもなくなって、布団に入ってただ泣いていた。

そんな夏休みを何度過ごしただろうか。そんなひどいことをしていたなんて、ゼミの仲間がそのことを知ったら、私のことをどう思うだろう。私は福祉を学ぶ資格のない人間なのかもしれない。自閉症の人たちとかかわる仕事につくのはやめたほうがいいのかもしれない。そう思った。

解説

きょうだいは、小さいころから、家族や弟を通して障害のある子の暮らしを見てきています。そしてその暮らしに自分も深くかかわってきています。「お母さんのために役に立てる人になりたい」という福祉の道を選んだ動機は、きょうだいにとって純粋な願いだっただろうと思います。大学で学ぶということは、今まで利用者の家族の一人としてかかわってきた福祉の世界を、学問としてまた違った視点からとらえ、理論や提供者側の思いなどを知っていくことになります。そのため、自分と家族の暮らしを、ある意味切り離して、客観的に考えていかなくてはならないこともあります。理想と現実との違いを知ったとしても、理想のかたちを学び、それを目指すためにどうするかを考えていかなくてはいけないわけです。そのため、自分が学びたくて進んだ道であっても、きょうだいはつらくなってしまうことがあります。

自分の家族が事例のひとつのように扱われてしまうことにもショックを覚えます。さらにボランティアや実習などで、自分の兄弟とよく似た人と出会ったとき、どう接すればよいのか悩んでしまうこともあります。自分の障害のある弟のことや家族のことを、授業を通して何度も振り返ったり想い返すことになるため、幼いころのうまくかかわれなかった自分を責めたり、そのために積極的に学ぼうとするほかの学生に引け目を感じてしまい、「福祉を学ぶ資格がない」と思ってしまうこともあるのです。その場合、極端に消極的で、やる気がないように思われてしまうこともあります。自分がきょうだいだということを周りに知らせていないこともあるので、本当は真剣に考え、葛藤していても、誰にもわかってもらえず、孤独感を抱えていることもあります。

ヒント

私は、あなたが福祉の世界に向かない人だとは思いません。誰よりも障害者や福祉について考えているからこそ、こういうふうに考えてしまうのだということがよくわかるからです。鍵をかけて見張っていた話は、家族としてはよく聞く話ですし、小さかったあなたができる範囲で最善のことをしたのだと思います。本当はそんなふうに過ごしていたあなた自身も大変だったはずです。いろいろ工夫を凝らしてお母さんの帰りを待っていたあなたは、本当によくがんばったと思います。

福祉の世界では、鍵をかけて管理するのではなく、できるだけ本人の意思を尊重し、自由で自立した暮らしを保障していこうという考え方があります。それは、家族から自立を目指して暮らしていこうとする人の暮らしを支援していくための考え方です。生まれ育った家族のなかで、障害のある弟に対してそれができていなかったとしても、自分や家族を責めないでください。なかなか難しいけれど、自分の家族とは切り離して考えてみてくださいね。いつもは、きょうだいであることを意識しないようにしているのに、ときどききょうだいである自分の感情が出てきてしまったりしませんか？　それは、だんだんコントロールできるようになっていくと思うから大丈夫です。もちろん、福祉系の大学を出たからといって、そういう仕事につかなくてはいけないということではないです。福祉を学んだぶん、ほかの仕事についたとしても、お母さんのちょっとした相談にはのっていけるでしょう。それで十分役目は果たせると思います。そう考えると、福祉を学んだ価値は十分あると思います。自分を責めすぎないのが大切です。

エピソード 50

夢か家族かで迷ってしまう

就職活動をしながら、とうとうあと一年で大学を卒業することを実感していた。できれば東京のテレビ局か広告代理店に就職したい。この前受けた東京のテレビ局は、一次面接を通過した。でも本当は、東京に行こうか、それとも地元に残ろうか迷っている。どうしてかというと、弟のことが気になるからだ。弟は自閉症で、他害行動があって、周りの人を傷つけることもある。今、弟は家から作業所に通っている。家での介護は、父や母の役割だ。いつも父が弟を風呂に入れ、母は休日に外に連れて行く。自分もなにも予定のない日は手伝うようにしている。それも結構大変なのだ。

父は数年前に早めに仕事を退職した。弟の介護のためらしい。弟は、成長するにつれて、対応がどんどん難しくなってきている。だからこそ、父は介護に専念するために、退職したのだろう。弟が年をとるということは両親だって同じことだ。父は、持病の糖尿病が悪化してきている。母は、数年前に足を痛め、片足が思うように動かなくなってきている。そんな老いてきた父母に弟の介護をまかせて、自分は家族を離れていっていいのだろうかとやはり不安に思ってしまう。それを話すと、父は「おまえの人生だ。気にするな。好きにやれ！」と言う。でもその表情のどこかに、「家に残ってくれないか……」という気持ちが混ざっているような気がしてしまう。自分としてももちろん、離れるのがさみしいのは事実だ。でも、このまま、弟の介護のためにマスコミで働く夢をあきらめたら、何年かたった後、弟や家族に不満をぶつけてしまうのではないだろうか？　と思う自分もいる。今しか、自分自身の夢を追いかけることはできないんじゃないかと思う。夢か家族か。どちらを選ぶべきなのだろう。

解説

生まれ育った家族から離れるときに戸惑うことは、誰にとっても自然なことです。それに加えて、きょうだいは、障害のある兄弟姉妹を介護したり、親が障害のある兄弟姉妹を介護している様子を見て育っているので、その大変さをよく知っています。だからこそ、「家族から離れて自分の夢を追うこと」と「障害のある兄弟姉妹の介護を続けること」、この二つの気持ちの間で葛藤してしまうのだろうと思います。「自分がいなくなったら、（障害のある）弟はどうなるだろう……」「このまま年老いていく父母だけで大丈夫だろうか？」と不安に思うことも多くあります。「家族が大変だというのに、自分だけがそこから離れて好きにしていいのだろうか？」と罪悪感をもつこともあるようです。特に、女性のきょうだいは、男性のきょうだいのように職を追い求めることよりも、家族内で母親と同じような役割を担うことを求められてしまうことが多いため、罪悪感を強くもってしまうことがあるようです。

ヒント

この問題を考えていくときに大切なこととして、「自分の夢を兄弟の介護によって制限されても、後で後悔しないだろうか」ということがあると思います。数年たってから「あのとき、弟がいたから俺は夢をあきらめたんだ！」と家族に不満を言っても、はじまらないのです。でも、目の前にいる、ずっと一緒に過ごしてきた家族が大変な思いをすることがわかっているのに、自分だけが夢を追い求めるのは申し訳ないと感じてしまうことはあるでしょう。お父さんやお母さんの大変さを見て育っているのですから当然のことだと思います。

障害のある兄弟姉妹の介護について、家族だけの力で行わないような方向を目指していくことも一つだと思います。これから先、きょうだいは、進路や結婚、新しい家族の誕生とその暮らしなど、どんどん生まれ育った家族から巣立ち、自分の人生を生きていきます。一方でお父さんやお母さんは、老いていきます。そこで、お父さんやお母さんができなくなったぶんを自分だけで補おうとすると、無理が生じてしまうことがあります。周りの力を上手に借りること、つまり、福祉サービスなどを積極的に利用していくことが大切だと思います。自分の生き方と介護のバランスをうまくとって進んでいきたいものです。

4 大人になってから

就職、結婚、出産……。人生の大きな節目を迎えます。

きょうだいであることを知らない同僚との付き合い方、新たな家族との関係など、考えることが山ほどあります。

エピソード51

本当の理由はなかなか言えない

「ごめん。今日はちょっと行けなくなっちゃった」って言いながら、私は後輩の子になんて言い返されるかおびえていた。「また彼氏ですか？　もう自分本位の彼氏はやめたほうがいいですよ。もっと自分を大事にするべきですよ～」。もう何度目かのドタキャンだから、心の中ではすごく怒っているに違いないけれど、その子は一応笑いながら許してくれた。私は「本当にごめんね」と、その返された言葉に肯定も否定もせずに、ただ謝った。

本当は、私の彼氏がいきなり予定を押しつけてきたわけでもなんでもなかった。だいたい彼氏と会う時間すらろくに作れていないのだから。このままだと、もう彼氏ともこの先ダメになるのかもしれない。私はいつも、みんなが「急な彼氏との予定が入って参加できなくなっている」という理由で納得してくれているのをそのままにしている。だって本当の理由を言えるわけがない。本当の理由は自閉症の弟だということは誰にも言えない。

自閉症に加えて重度の知的障害もある弟は感情に波があって、日によって急に不安定になることがある。そうなると突然家で暴れてしまったり、言うことをきかなくなったりしてしまう。安定しているときには母が対応するだけで十分なのだけれど、不安定な状態がはじまってしまうと母だけでは難しくなる。しかも怒って母を突き飛ばしてしまったり、たたきだしたりするから、二人だけにするのは危ない。なので、不安定になると母から携帯電話にメールが私と父に送られてくる。たいてい父は早く帰れないので、私がなんとか早く家に帰って母を手伝わなくてはいけない。弟はなぜか私や父には逆らえないと思っているようで、私たちのどちらかが家に帰ってくると、それまで暴れたりわがままを言って母を困らせていても、急に大人しくなって、すぐにご飯を食べはじめたり、お風呂にすんなり入ったりする。だから、私は母を守るためにも、弟の一日の生活リズムを崩さないためにも、メールが来たらすぐに帰らなくてはならない。だけどもちろん私にも仕事が終わらないときや先約があったりするから、それらになんとか都合をつけて帰らなくてはならない。そんなことはいくら仲のいい職場の人や友人にも打ち明けられなかった。彼氏にもあいまいにしか話していない。

　だけど毎回こんなふうに、大事な会議の最中に帰り支度をはじめたり、友人と前から予定していた約束をキャンセルしてばかりいたら、もう誰からも相手にされなくなるのではないかと思う。それがこわい。でも弟が自閉症だから……ということは言えなくて、私は適当にいつもごまかしてしまうのが心苦しい。

解説

大人になっても、きょうだいは家族の中の役割を担っていることがあります。それがきょうだい自身の時間を拘束することになってしまうこともあります。きょうだい自身はある程度の負担は仕方ないとあきらめていることもあります。

「子どものころから、そうだったから手伝うのは当たり前」「両親も大変なのだから、自分もできるところは手伝うのが当たり前」ときょうだいも感じているからです。

家族のなかで自分の役割が全くなくなってしまうのもさみしいと感じるきょうだいもいるので、きょうだいの時間を拘束しすぎない程度で役割を果たすなど、できる範囲でそういった役割分担は存在してもいいと思うのです。しかし、そのことを周りの人に話して理解してもらうのは難しく、きょうだい自身の周りへの配慮や調整が面倒になってしまうこともあります。

ヒント

いきなり予定の変更を余儀なくされてしまうのは、自分ではどうすることもできず、大変ですね。確かにこれ以上、キャンセルすることばかりが増えてしまうのはあなたにとってはあまりよくないかもしれません。仲のいい人にだけでも「家で少し介護が必要な人がいて……」と話してみるのはどうしても難しいでしょうか？　全員に話すことはないと思いますが、少し気にかけてくれて、周りの人にもうまく言い伝えてくれそうな人がいるほうが、あなたが楽になれるかもしれません。

でもどうしても言えないこともありますよね。そういうときは、できるだけキャンセルしなくてもいいような工夫を考えてみてはどうでしょうか。駆けつけるのがお父さんとあなただけだと、お互いの頻度が高すぎるので、ほかに駆けつけてもらえるような相談員さんやヘルパーさんを外部に確保することはできますか？　どうしても遅くなってしまうことがわかっている仕事の日などには、事前にショートステイなどを考えてみてもいいかもしれません。

今後のことを考えても「絶対呼び出しに応じなくてもいい日」を週にどのくらい確保できるかを家族全体で考えていったほうがいいかもしれません。家族だけで抱えこまない方法もみつけていきましょう。「必ず何時までに家に助けに帰れるとは限らないから、そろそろ先のことを考えていきたい」とご両親に話してみることも必要かもしれません。あなた自身の仕事も友人も恋人も自分の時間も大切にできる方法を考えていきましょう。それはすごく大事なことだと思います。

エピソード

52 どうして私は人に頼れないの？

私は大学を卒業して、ＯＬとして働いている。今、入社三年目で、さまざまな仕事を任されるようになり、そのぶんわからないこともいろいろと出てくるようになってきた。

すぐ横で、先輩がパソコンに向かって仕事をしている。「今聞いたら忙しそうだから迷惑かな？」と思うと、つい顔色をうかがってしまって聞くことはできず、自分で資料室に行って過去の資料から探してくる。確かに自分で探せば見つけることはできるけれど、先輩に聞くことができたら、ほんのちょっとの時間で済む簡単なことだったりする。どうして自分は人に遠慮をしてしまうのだろう？　いつもそう考えてしまう。同僚は、同じようなことをいとも簡単に先輩に聞くことができている。聞いても、先輩は嫌がるわけでもなさそうだ。そして仕事も早く進むのだから、問題ないことなのだろう。それはわかっているのに。でも、自分からお願いして人の手を煩わすことはどうも苦手だ。

思えば、私が小学生や中学生のころ、お母さんはいつも障害のある弟のことで忙しかった。弟の訓練や体操教室へよく出かけていたし、弟は自分では学校の用意はできないので、全部お母さんがやっていた。私がお母さんに頼みたいことがあったとしても、「お姉ちゃんはできるから自分でやってね」とか「また後でね」と言って、お母さんはいつも弟のことを先にやっていた。それがいつものことだった。そして結局、私の用事はしてもらえなかったということも少なくない。

頭にきて「もうお母さんには頼まない！」と言ったこともある。でも、それでも私のことを優先してもらったことはなかった。だから、途中からはもう頼んでも無理だとあきらめた。そして、だんだんとお母さんには頼まなくなった。

ふと気づいてみると、お母さんだけではなく、私はほかの大人にもあまり自分の用事を頼んだことはなかったように思う。どうしても頼まなくてはいけないときは、すごく申し訳なくて、相手の様子をうかがいながらお願いをしている自分がいた。ほとんどしたことがないから、頼み方もとてもへたくそだったと思う。できるだけ何でも自分でできるように、できるだけ人の力に頼らないようにと、いつもそう思っていた。

解説

大人になったきょうだいが「私はなぜ人に頼るのが苦手なのだろう」と悩むことは少なくありません。小さいころは、なんでも一人でできるしっかりした子だったはずの自分が、仕事をするようになってから、どうしてこんなに自分は孤独にがんばっているのだろうと気づくようです。

たったひとりでがんばりすぎて、体調を崩してしまったり、心のバランスを失ってしまうきょうだいもいます。特別に周りが協力してくれないわけではなく、うまく頼る方法を知らないために自分から余計な壁をつくってしまい「あの人ひとりで大変そうだけど、声をかけづらいね」などと変な気をつかわれてしまうこともあるのです。

ヒント

人に頼ることができれば、ものごとはスムーズに進みやすくなると思います。

でも、きょうだいには、なかなか頼るのが上手ではない人が多いなぁと感じることがあります。

小さいころからの「人に頼るくらいならなんでも一人でやってしまったほうが楽」と背負い込んでしまう癖が大人になってもある場合、それを取り去っていくには苦労するので、本当は小さいころから人に頼ってものごとをスムーズに進めていくことが、とても大事だと思います。

子どものころは、まだまだ自分一人でできないことが多く、親や大人がある程度、手をかけてあげなければいけないことはいくらでもあります。お母さんはきょうだいには手が回らないということもあるかもしれませんし、きょうだいには早く一人でできるようになってほしいと思っているのかもしれません。それでも必要なときには、大人に助けを求めていいということ、自分の力以上のことを一人でがんばりすぎる必要はないということ、助けが必要なときは大人に時間をとって手助けしてもらうという経験をすることは、今後生きていくうえで大事なことです。

頼る練習をしないまま大人になってしまったきょうだいも、まず、「なんでも一人でしない」と決めてしまってもいいかもしれません。「こんなことでもいいの？」ということも、まずは人に聞いてみる。人に頼んでみる。なかなか難しいとは思いますが、さらに言えば、思いきり甘えてみる。その回数を意識して増やしていくのがいいかもしれません。自分は人に頼るのがうまくないから練習しようと思って、気を抜いて頼める方法を身につけたり、頼める人を確保していくのは、これからでも遅くないと思います。今後、一人では乗り越えられない困難な場面に出会うこともあるかもしれないので、そのとき、練習の成果が活かされるといいなぁと思います。

エピソード 53

僕がいなくても家族はなんとかなる

僕は大学を卒業後、地元を離れて一人暮らしをしている。どうしてもやりたい仕事があって、そのために家族とも話をして、地元を離れた。大学生のころは、サークルやバイトで忙しくて、障害のある弟の面倒は高校生のときまでのようにはみられなくなっていた。でも、一緒に住んでいるから、二人で風呂に入ったり、買い物に行ったり、プールに行ったりしていた。弟もそれなりの年齢になってきていたので、無条件にかわいいと思うことは少なくなってきていて、うっとうしいと思うときもあった。でも自分がやらないといけないと思っていたので、嫌だと思うことはなくて、それなりに弟の面倒はみてきたと思う。

地元を離れてからも「たまには帰って弟とプールに行ってやらないと」と思っていたけど、社会人になったばかりの僕は、仕事をするだけで精一杯だった。地元を離れて、はじめての年末年始に実家に帰った。大学を卒業して以来だった。地元にいたころは、たまにしか家にいないとはいえ、それでも自分がいないと家族の生活は回らないと僕は心のどこかで思っていた。でも、何か月かぶりに帰ってきてみたら、僕がいなくても家族でちゃんと生活しているんだということを知り驚いた。

僕がいなくなってから、健康のために父も母も水泳をはじめ、家族三人で毎週のように近所のプールに通って練習しているという。自分たちで水泳サークルを作ったとか、そのサークルでこの前は忘年会をやったとか、障害者スポーツ大会で金メダルをとった人がいて、弟もその大会を目指しているとか、母はとてもうれしそうに話していた。

なんだ、僕がいなくても楽しそうにやってるじゃないか。僕がいないほうがいいくらい。そう思ったら、なんだか笑えた。地元を離れるときに「僕がいなくなっても大丈夫だろうか」と悩んだし、僕は長男なので、家族が大変な状況になったら、引き取るなり一緒に住むなりして弟の面倒をみなければいけないと思っていた。「どうしても、というときは、転職して地元に戻るしかない」とさえ思っていた。けれど、今の三人は、とても楽しそうだ。僕には僕の生活があり、弟や両親には三人の生活がある。三人の生活はどうやら順調のようだ。こうやってときどき顔を出して、様子をみていけばいいのかと思ったら、ずいぶんと気が楽になった。一生懸命泳いでいる弟はかっこいいし、久しぶりに帰ってきたこともあって、よくなついてきて、前よりずっとかわいいなと思った。よし、弟のスポーツ大会には応援に行こう。そう思った。

解説

一緒に住んでいるとなにかとあてにされてしまい、「自分がいないと家族は回っていかない」と思っているきょうだいは少なくありません。そのため、就職などで家や地元を離れることに抵抗があるきょうだいもいます。でも実際に離れてみると、きょうだいがいなくても、親自身も楽しみを見つけることができていたり、地域資源を利用したりしてうまくやっていたりすることもあります。それを知ることで、きょうだい自身も、自分がいなくてもうまく回る家族の姿をイメージすることができますし、自分と離れて暮らす兄弟姉妹の親亡き後の暮らしや、そのときの自分のかかわり方までも考えることができるようにも思います。

きょうだいも家族を離れてみることで、自分の生活を確立し、自分の望む暮らし方を考えていくことができます。それはとても大切なことです。一緒に住み続けていたら、どんなに年齢を重ねても、それまでの家族のなかでの役割を変えることが難しく、違うパターンのかかわり方を試すこともできないままかもしれません。また、それぞれが自立していく将来のイメージが難しいかもしれません。

ヒント

「自分が家にいないと家族が回っていかないのではないか」「実家を離れると家族がとても困ってしまう」と不安に思って、進路選択に悩んでしまうことはよくあります。大人になっていくきょうだいの多くがそこで迷うようです。

自分の気持ちに妥協して、地元を離れないことを選んで後悔してしまうよりは、思い切って一度離れて生活してみるのもひとつの方法かもしれません。離れてしまえば離れてしまったで、お互いが意外とうまくやっていける場合もあるのかもしれません。でも、それは実際やってみないとわからないものです。ずっと一緒にいると憎たらしいとさえ思ってしまうことも多いけれど、会うのがときどきになると、障害のある弟も結構かわいく思えたりもします。

物理的な距離があると、いざというときになにもできないだろうと不安になることはあると思うのですが、「車で二時間の距離だからいざとなったら駆けつけられる」などと思えれば、少しは心配も減るのではないかと思います。近すぎて見えないものがあったり、嫌になってしまうことがあったり、心理的な距離も難しいものです。離れたからわかることや見えてくるものもあります。かかわり方のバランスを考えていくためにも、実際に離れることも含めて、いろいろな経験をしてみることが大事なのかもしれません。できる場合には、いろいろと試してみてもいいかもしれません。もしダメだったとしても、また戻ってみるというのもいいと思います。

エピソード

54 家族だからできること・できないこと

去年、自閉症の弟と父親と三人で童謡のコンサートに行った。弟はもう大人だけど、童謡が大好きだ。弟は好きな歌になると立ち上がって踊りだしたり、調子外れの大きな声で歌いだしたりする。それが弟の歌を楽しむスタイルだからしょうがない。家ならそれでもいいけれど、コンサート会場でそれをやると周りに迷惑がかかってしまうし、大きなお兄さんが飛び跳ねるのを小さい子どもたちが見てびっくりしたら困るから、落ち着かせるために二人も付き添いが必要だ。

案の定、私と父はコンサートがはじまるとすぐに、両横から弟を止めることになった。「歌わないで！」「座って！」と口うるさく言い続けた。そうしたら、だんだんと弟が怒り出してきてしまった。弟にすれば、楽しんでいるだけなのに、何度も怒られてしまうのだから頭にくるだろうと思う。でもここは家ではない。いつしか私も父も弟も三人とも怒りながら、童謡を聴いていた。どうして弟はこんなふうにしか楽しめないんだろう。私は途中から悲しくなった。結局、最後までコンサート会場にはいられなかった。これ以上いるとパニックを起こしてしまいそうだったから途中退場した。弟の大好きなコンサートだったのに、ものすごくもったいなかった。

今年、弟は作業所の職員さんと同じコンサートに出かけた。私もたまたまチケットをもらったので、こっそり見に行くことにした。そして、離れた所から弟の様子を見ていた。「さぁ今年は、何分座っていられるかな?」とハラハラしながら見ていた。すると弟はやっぱりすぐにノリノリで踊り歌いだした。「付き添いの職員さんに申し訳ない」と思い、私はヒヤヒヤしながら弟のことを見ていた。けれどその職員さんはいっこうに弟を止めない。それどころか、にこにこしながら弟に合わせて歌ったりしている。「あんなに騒いで大丈夫なのだろうか?」。私は弟の周りの人たちの反応をこっそり見まわした。意外にも、周りの人たちはにこにこして弟を見ている。嫌がっている迷惑そうな顔ではなく「楽しんでいるね」という顔をしている。子どもたちのなかには一緒に踊ったりしている子もいる。その様子を見て、「なんだ、必死で止める必要なんてないんだ」と思ったら、なんだかほっとして泣けてきた。

でも私と父が今年も弟の隣に座っていたら、止めてしまうと思う。弟が騒ぐのは申し訳ないし、身内として恥ずかしいと思うから。でも身内以外の人は案外平気で、弟もそのほうが楽しめるのを知って安心したけど、どこかさみしかった。私の知らない弟の顔があるのかもしれない。私の知らない弟の知り合いがいる。それが大人になるということなのかもしれない。

解　説

障害者本人が大人になるにつれ、家族だけではなく、ほかの人たちと出かけたり、過ごせるようになることは必要です。障害のある兄弟にとっての社会性や支援のつながりを作っていくことが、今後に向けてとても大切だからです。母親たちは、学校やデイサービス、作業所や施設などとのつながりに早くからかかわっていますから、障害のある子をそこで出会った支援者へ託していくという経験をしていると思います。そして、家族と一緒ではないときのその子の姿を目にし、いずれは家族からは自立していかなくてはいけないのだということをイメージして、心の中で整理をしながら、準備していっているのだろうと思います。

きょうだいも父親も、障害のある兄弟のそういった姿を、大人になるにつれて、知っていくことが必要なのだろうと思います。それは、家族としては少しさみしいことでもありますが、いい経験になると思います。いつまでも子どもだと思っていた弟が、こんなに成長していたのだと気づきながら、今までとは違う見方で弟自身を受け入れていくことは、今後に向けて大切なことです。

ヒント

兄弟が大人になると、家族で力を合わせるだけではできないことが増えるように思えます。それを知ると、なんだか少しさみしいと思ってしまうこともあります。私がいないと一緒に出かけられなかった弟が、ほかの人とも難なく出かけられたりすると、「あれ？　私の役割がなくなっちゃった？」とさみしく思ったことがあります。でもそれが、大人になる、成長するということなのだと思います。

もし、弟の「絶対にお姉ちゃんしかダメ」ということがずっと続いてしまったら、お姉さんであるあなたがどこか遠くに行くこともできなくなるかもしれません。それに家族にずっと縛られて生きるのは、いいときもあるかもしれないけれど、困ってしまうことのほうが多いと思います。

だからうまく人の手を借りられるようにしていくことは大切です。そこからきょうだい自身も自分の生き方を前向きに考えていけたらいいなぁと思います。ちょっとした決断とか、家族を慈しむ気持ちとか、昔を振り返って懐かしむとか、家族でなくてはできないこともあります。これからはそれを大切にしていきましょう。そうすれば、一緒にいる時間が少なくなっているようでさみしいと思うことはないと思います。

エピソード

55 同僚には自分から話すべき？

私は就職して、実家を離れた。実家には、両親と障害のある弟が住んでいて、弟は障害者の作業所に勤めている。

ある日、職場で「兄弟はいるの?」と聞かれて、「弟がいます」と答えた。それから「長男が家を出て、弟さんがご実家にいるんだね。どんな仕事をしているの?」と返されたので、「ふつうに働いています」と言った。聞いた同僚は「ふーん」と言って、それでその話題は終わった。雑談では、家族のことはよく話題になる。弟に障害のあることを隠しているので、「作業所で働いている」と答えるわけにもいかず、「会社員」とか「ふつうに仕事」というように当たりさわりのないように答える。でも、ときどき「なんていう会社?」と聞かれると返答に困る。適当にその話題は終わらせるようにするのだけれども、なんとなく相手に「これ以上、触れられたくないのかな?」と感じさせてしまうのが、とても心苦しい。

だからといって、「弟には障害があって、親が面倒をみているので実家に住んでいます」とか「障害者の作業所に通っています」と言うと、「お兄さんは大変ですね」とか「長男だし、いつかは実家に帰らないといけないいんじゃない?」と言われたり、相手によっては「まずいことを聞いてしまった」という感じになってしまう。それもまた心苦しい。

私の職場は福祉関係ではないけれど、障害者理解を推進する立場の仕事をしている。そんな職場だからこそ、弟が障害者という話をすれば、なんの抵抗もなく受け入れてもらえるのかもしれないけれど、なかなか勇気がなくて言えない。
いっそのこと家族の話題なんてしないでくれればいいのに、と思う今日このごろなのだ。

解説

職場に限らず、家族構成に関しては話題になることが多いのではないかと思います。一般的には、家族がどんな仕事をしているのかを話すことは、それほど抵抗の大きいものではないはずですが、障害のある人が家族にいると、そのことを話しにくいことが多いようです。いくつになっても相手の反応は気になりますし、相手に変に気づかわれてしまうことを余計に煩わしく思ってしまうからです。

小学校や中学校に通っていたころは、地域が身近で、自分の家族のこと、弟のことを周りが皆、知っているということもあると思います。けれども、大学進学後や就職してからは、自分が言わなければ障害のある弟がいると知られることはほとんどありません。話題にしなければ済んでしまうけれども、ひとたび話題になってしまうと、どう説明したらいいのか悩んでしまいます。話したところで、相手が引いてしまうのも面倒だし、だからといって当たりさわりのないことを言おうとすると、相手にさらに質問をされて困ってしまうのです。

ヒント

全く事情のわからない人にとっては、家族を話題にすることがこんなにもきょうだいを悩ませるとは思っていないのでしょう。小さいころも大人になってからも結局、「どう話すか」は永遠のテーマです。だんだんうまくなっていくはずだと思っていたのに、聞く相手も大人ですから、当たりさわりのない答をしているとさらに深く追求されてしまって困ってしまうこともあります。あまり追求しないでくれれば気持ちはずいぶんと楽なのですが、そうではない場合もありますよね。

不自然に隠すのも面倒で、「もういいや！」と勇気を出して弟の障害のことを話したら、「あっ、そうなんだ。で、それがどうしたの？」と、特別驚くことのない反応が返ってきて拍子抜けすることもあります。案外、障害について全然知らない人のほうが気楽に話せる場合もあります。長く、親密に付き合っていくことになるだろう職場では、変に隠したりごまかしたりせずに、さっさとカミングアウトしてしまったほうが楽なのかもしれません。そうしてみたら、悩んだ割には意外と平気な場合も多いようで、一人で悩んでいるよりずっとすっきりできるかもしれません。大人のほうが子どもよりあっさりと流してくれることが多いように思います。

エピソード56

親亡き後を考えはじめる

先のことは不安だから考えたくないと思う。でも本当は少しだけでも心の準備をしていたほうが、今の不安や先の悩みも減るのかもしれないとも思う。それとも今まで考えてもみなかったことが出てきてしまって、不安が倍増してしまうだろうか。そう思うとこわくなる。親が突然いなくなってしまったら、私はどうしたらいいのだろう。悲しみにうちひしがれる間もなく、すぐにでも障害のある姉の親代わりにならなくてはいけないのだとしたら……そうしたらどうしたらいいのだろう。

そんな私の気持ちを知らない親は「迷惑はかけないから、自分の好きなように生きなさい。あなたは面倒をみなくていいんだから」といつも言う。でも私は心のどこかで、絶対にいつか姉の面倒をみる日がくる、親の本音は違うと思っている。もし言えるなら、「私は、ちゃんときょうだいとして面倒をみたい」と言いたい。でも言えない。そう言ったら親は悲しむだろうか。それとも、ほっとした顔をするのだろうか。親はいつでも「きょうだいには、介護とか留守番とかに縛り付けないで、自由に遊ばせて、自由に職業を選ばせる」と周りの人に話している。そうすることがいいことだと信じているみたいだ。

でも、私の本当の気持ちは親にはわからないだろう。私も姉の将来のことを一緒に考えたい。でも両親はいつも声をひそめて、私の知らないところでばかり話をしていた。意地悪をしているわけではないのはわかっている。私に心配をかけないように、負担をかけないようにしていることはわかっている。でも私はすごくさみしかった。私も、本当はこれまでも姉と家族としてともに生きていくために、悩んだり怒ったり、姉と二人で過ごしたり、姉のための手伝いをしたり、もっとしたかった。私にはそれは許されなくて、そういった役割からいつも免除された。

結局、いつも私は一人だった。だから誰にも相談できなかった。将来について考えなければならないことは山ほどあるのに、どこまでを私が姉のためにしたらいいのか、できないときはどうしたらいいのか、お金はどのくらい必要になるのだろうか。それら全てをこの先たった一人で悩んでいかなくてはいけないのかな。

解説

親亡き後のことを考えるのは、きょうだいにとっても親にとってもつらい作業になるでしょう。きょうだいにはわからないことが多いぶん、いろいろな不安が湧いてしまいます。福祉サービスを受けるときなどは、社会の仕組みや制度の変化などにも対応していかなくてはなりません。家族は常に社会の動きに敏感に反応し、調べたり理解したりしていかなくてはならず、その過程はなかなか大変です。

きょうだいにとっては、自分自身の進路にも関係するため、親亡き後への不安は大きく、小学生のころから不安に思い、早く独り立ちしなくてはと考えていたり、障害のある弟を養っていかなくてはいけないと考えている人もいます。不安を抱え込みすぎてしまうことも多くあります。

ヒント

「知らない」ということは一番不安だと思うので、できるだけ情報を集めたほうがいいと思います。インターネットや本、雑誌などで情報を得ることもできますが、可能ならば自分と同じような立場の先輩に相談することができるといいと思います。大人のきょうだいで集まっているようなところが近くにあれば、相談してみるのもひとつです。将来の不安を抱え、この先どうなっていくのだろう？　ほかの人はどうしているのだろう？　と知りたくてきょうだいの集まりに参加される方は多くいます。

でも、一番いいのは、親と話すことだと思います。親自身が考えるお姉さんの将来のプランを教えてもらって、そのなかであなたがかかわっていけることやかかわっていきたいことを話し、無理なことはどのように誰の手を借りていったらいいのかを相談できたら最高ですね。でも、これが何より難しいと、多くのきょうだいの先輩たちが言っています。きっと、親も直視したくない、一番考えたくない話題なんですよね。きょうだいに負担をかけてしまうという事実もつらいし、お姉さんを残していくなんて考えたくないからこそ、お互いつらい話なんですよね。だから、「先のことはまだ見ない」とか「きょうだいにはかかわらせたくない」と言って、話し合いをシャットアウトされてしまうことも多くあります。

でも、話し合いをしないまま親がいなくなってしまうほうが、きょうだい自身がその後どうしていったらいいのか、誰に頼ったらいいのか、いざというとき途方に暮れてしまいます。まずは、伝えてみることからはじめませんか。「きょうだいなんだから、私だって、できることはしたい。しないではいられない。だからなにができると思う？どうしたらいいと思う？　家族なんだから一緒に考えてほしい」。こういうふうに言えそうでしょうか？　そして、自分自身の家族や時間を大事にするために考えられることはなんだろう？　結婚は？　遺伝は？　今のうちにできることは？　などということも一緒に考えていけるといいと思います。

エピソード57

福祉を仕事にするのは難しい

僕には障害のある弟がいる。弟は血が出るまで壁に頭を打ち続け、タコができるまで手をかんでしまう。今まで僕の家族はこの弟の行動につらい思いをしてきた。特に、弟が中学生のころは、その行動がよりいっそうひどくて、まるで出口の見えないトンネルの中にいるようで、家族全員が暗かった。本当に今考えてもつらく悲しい日々だった。

そんな環境にいたからか、いつしか僕は福祉の道に進みたいと思った。弟のような障害のある人たちやその家族の手助けになればと思ったからだ。そして、念願であった福祉系学科のある大学に入学し、卒業後、知的障害者の入所施設で働いている。自傷や他害、こだわりがある人も多くて、なかにはその様子が弟と似ている人もいるのでとても親近感がわく。

でも、就職してからしばらくして、だんだんと働くことにつらさを感じはじめている自分に気づいた。それは、理想と現実とのギャップに気づいてしまったからだと思う。自分には家族としての経験があるから、どんなことでも対応できるという意識がどこかにあった。だから「この人たちを自分の力でよくするんだ!」と意気込んでいた。けれど、すぐに自信は砕かれた。自分一人の思いではどうすることもできず、自分の無力さに気づいた。そうなると自信たっぷりに振る舞っていた自分がとても恥ずかしかった。

そして、もう一つ自分がつらいと感じたのは、同僚や上司が利用者に対する愚痴を言うことだった。その愚痴を聞いたとき、まるで自分の弟や家族までばかにされているような錯覚に陥ってしまう自分がいた。実際、同僚たちは弟や家族のことをばかにしているわけではなかった。それはわかっていても、どうしてもそう感じてしまって、腹立たしいのだった。ある日、先輩にそのことを話した。先輩には「仕事と家族は別なんだぞ。そうじゃないともたないよ」と言われた。

解説

きょうだいは日々家族と過ごすなかで、障害のある兄弟姉妹がどんなことで困っているか、またその周りにいる自分を含めた家族がどんな思いを抱いているかを感じながら育っていきます。そして、普段から問題意識をもっていたり、熱心にかかわってくれる支援者に出会って、その姿にあこがれたりすることで、障害者の支援を仕事にしたいと、福祉業界で働くことを目指す人もいます。しかし、念願の職につくことができ、障害者の支援をするようになったとき、今まで自分が思い描いてきた夢と現実のギャップを感じてしまうことがあります。

自分の思い描いていたとおりの仕事ができないことに焦り、もっとやらなくてはだめだと自分を責めてしまうこともあります。また、仕事にしてしまうことで、障害者福祉の現状が見えてきて、自分の家族や自分の問題をより深く考えて思い悩むこともあります。今まで家族の立場から見ていたことも、立場が変化することで新たな戸惑いを生んでしまうこともあるのです。そのギャップに戸惑い、傷ついてしまうことが多すぎて、その気持ちを整理するまでに時間がかかることもあるのです。

ヒント

家族の問題と仕事に距離を置くようにと助言してくれた先輩がいてよかったですね。職場で「きょうだいです」と告白することには躊躇します。それは、子どものころから感じてきた周りに伝えることの難しさに加えて、福祉系の職場でカミングアウトすることは、職場の人にとってはきょうだいである自分が、利用者の家族と重なってしまうために、まるで利用者側のようにみられてしまうのがこわいことも一因なのだと思います。

告白してみたら、周囲の態度が変わってやりにくくなったというきょうだいの話も聞いたことがあります。それを聞いた同僚にとっては「利用者側の関係者が聞いているようなものだから、発言に気をつけないと」と身構えてしまうこともあるのかもしれません。同僚のひどい発言を聞いて「聞き捨てならない！」と思うときは、あまりそこでぶつからずに、ほかで愚痴をこぼしましょう。やはり、きょうだいである友人を見つけ、悩みを語り合う場があることが大事なのだとあらためて思います。

同じ立場のきょうだい同士で語り合って、悩みを共有して、気持ちが楽になればいいと思います。ときには、今の自分の悩みごとをすでに経験したきょうだいから具体的なアドバイスが受けられることもあります。きょうだいは、偶然同じ職場にいることもあるかもしれませんが、なかなか見つけられないものです。住んでいる地域に大人のきょうだい会や支援している組織などがないか調べてみるのもいいかもしれません。

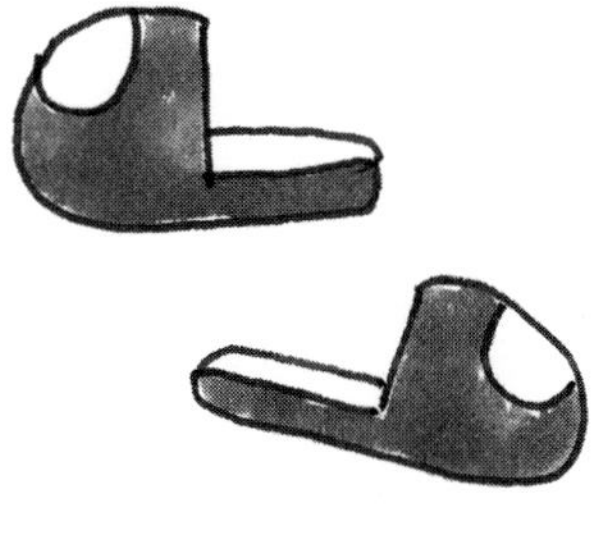

エピソード 58

教師としてかかわろう

子どものころ、妹は養護学校（特別支援学校）に通っていた。先生はとても優しくて、妹の学校に遊びに行ったときは、いつもにこにこして迎えてくれた。私は昔から川や山の名前、県の名前、県庁所在地などを覚えるのが大好きだったので、「将来は社会の先生になろう」と思っていた。小さいころの夢を叶えるべく、教育大学に入った。大学では、一般の学校の教員免許だけでなく、特別支援学校の教員免許も取れるようになっていた。よく考えてみると、私は勉強が好きだから教師になろうと思ったけれど、「障害のある妹のことをもっと知ってもらいたい」ということもその理由の一つであったと思う。でもその反面、「妹のような障害のある子どもにかかわるのはいやだな」とも思っていた。障害のある子のいる家族と、教師として出会うことに抵抗があったのかもしれない。だから特別支援学校の教員免許はあえてとらなかった。

大学を卒業して、小学校の教師になった。ある日、研修で特別支援学校の授業を見学する機会があった。授業を見るのははじめてかもしれない。今は家族としてではなく、教師として授業を見ることができる。一緒に研修を受けるほかの先生のなかには、特別支援学校に対して「食事を食べさせるなんて……」とか「トイレの世話もするの？」とか、明らかに嫌そうな反応をしている人もいた。でも私にとってはそんなことは大したことではなかった。当日はとても楽しく過ごすことができた。

その研修が終わってから「教師として障害児とかかわっていきたい」という思いが出てきた。そして研修を受けて免許を取り、次は特別支援学校で働こうと思った。そのことを電話で親に話したら、「どうして特別支援学校になんて行くの？　やめたら？」という言葉が返ってきた。そう言いながら、母親の声はどこか明るかった。もしかしたら「妹のことを考えてくれてうれしい」という思いが裏にあったのかもしれない。

解説

小さいころに出会ったお医者さんや看護師さんはどこかかっこよく、訓練や療育の先生や特別支援学校の先生は特別優しく見えたものです。だからこそ、あんなふうになりたいとあこがれるのかもしれません。そしていつも大変で困っているお母さんをみて、「お母さんを助けてあげられる仕事につきたい！」「医者になって弟の病気を治すんだ」と思うこともあるようです。大人になったきょうだいが福祉や医療の分野や、学校の先生や保育士として働いていることは少なくありません。

障害のある兄弟のことを周りに話せないでいたきょうだいのなかには「こだわりの強い妹がもっと学べたり変わったりできる方法がないのかを知りたくて、教育学部の特別支援教育の専攻に入りました」という人もいます。同じ境遇の仲間にはなかなか出会えないということ、足りない情報を補うための選択だったということもわかります。

一般に、教師を目指す人は「自分がこういう楽しい授業を受けてきたから」「先生がこんなふうに声をかけてくれてうれしかったから」など、自分の生徒としての経験から「自分も教師になりたい」と思うようです。特別支援学校の場合は、きょうだい自身がそこへ通っていたわけではないので、自分が生徒として受けた経験ではなく、家族としての「先生にはこんなふうにしてほしかった」という思いから教師を目指すようです。ですから、親としても「障害児を兄弟にもつこの子のような先生が増えてくれれば」という思いで、自分の子どもが障害児にかかわる仕事につこうとしていることをうれしく思っているのでしょう。

「障害者にかかわる仕事はしたくない」と、福祉と関係ない仕事につこうとするきょうだいもいます。「はじめはかかわりたくないと思っていたけれど、最終的には職業としてかかわることにしました」という人もいます。決断するまでには、さまざまな葛藤があるようです。民間企業へ就職したとしても、安定した収入が入ってくるような公務員や専門職に転職しようか、介護が大変になってきている親のために転勤のない仕事に転職しようかなど、その後もさまざまな悩みがきょうだいを苦しめています。

ヒント

迷いなく夢を目指してやってみたいと思っていた仕事につくことができているのですからすごく幸せだと思います。でも、自分でそう選択できる人はいいのですが、そうではない人もいます。

親や周囲からの「お姉ちゃんは障害者にかかわる仕事についてほしい」という期待は、直接言われなくても、なんとなくそう思っているんだろうなと感じてしまうことはあるかと思います。

その場合、もし自分がなりたいと思う仕事がほかにあっても、なりたいと思うことすら、いけないのかなと思ってしまうことがあるかもしれません。でももし本当にやりたい仕事、自分の夢があるのなら、それはあきらめないでほしいと思います。

妹のために生きなくてはいけないと思ってしまうのではさみしいと思います。そういう生き方では、なんのためにがんばっているのかがわからなくなって、途中で立ち止まってしまうかもしれません。そうなったとき、一気に目標がなくなって動けなくなったり、むなしくてたまらなくなってしまうこともあります。本当になりたい仕事についてきちんと親と話してみるのも一つだと思います。また、一度は親の期待どおりの進路に進んでから、進路変更をするという方法もあります。戦略的に進めてはどうでしょう。いろいろな選択肢を準備しておけば、自由に自分の夢を考えることができたり、あきらめないで済むようになれると思います。

エピソード

59

親の葛藤に付き合う

「もうやめてよ。これ以上お母さんを不安にさせないで」と母がいきなり怒り出したので、私はすごく驚いた。姉の入っている施設の対応が悪いと、ずっと私にグチっていたから私はもっといい施設はないかと探していて、ちょうどよさそうなグループホームが見つかったから、「今度一緒に見学に行かない？」と誘ったのに。そんなふうに言われるとは思わなかった。母はその話はもうしたくないみたいだったので、それ以上話せなかった。どうしてなのだろう？ あんなにあの施設を嫌がっていたのだから、いい話じゃないか。いきなり怒り出したのはなんでなんだろう？

生まれつき重度の知的障害のある姉はいくつになっても大きな赤ちゃんみたいだった。だから母はいつでも付きっきりでトイレに行かせたり、ご飯を食べさせたりしていた。特別支援学校の高等部を卒業した姉は、施設に入所した。そこでは日中には「作業」をして、夜は個室で寝る。母はたくさんの施設を見学してそこに決めた。それでも空きは少なかったようで、「本当にラッキーだったのよ」と最初のころ、自慢するように言っていた。姉が入所したころ、「お母さんも今まで大変だったから少しゆっくりしたら」と声をかけたけれど、すぐに「こうしてはいられないのよ。施設にお手伝いに行かなくちゃ」と言って毎日のように施設に出かけていった。

それから少しして「あの職員の対応が悪い」だの「あの施設のあそこがどうも納得がいかない」

といったような愚痴が始まった。「お姉ちゃんは言葉で言えないんだから、お母さんが代わりに言ってあげなくちゃいけないのよ」と言いながら、職員にぶつけられない文句を私にぶつけるのだった。はじめのうちは「お母さんも言いすぎ」と思って聞いていたけれど、だんだんとそんなにひどいなら違うところに移るべきじゃないかと思いはじめた。福祉関係で働いている知り合いにも聞いて、やっとよさそうなところを教えてもらったのに。結局どうしたいんだろう。私は何をすればいいのかわからなくなった。

解説

小さいころからいつも母親の相談を聞いているきょうだいがいます。小さいころは一生懸命、話を聞いても親の役に立てなくて、なんとなく情けない思いをしていたきょうだいも、大人になると自分から情報を提供できるようにもなり、母親の役に立つこともできるようになります。やっと母親の役に立てると思って自分が調べたことを話したのに、母親にとってはそれがあまりうれしくないという反応が返ってきたことで、きょうだいはどうしてだろうと困惑してしまいます。それまでたくさん世話をしてきた障害のある子が自分の手から離れることは、母親にとって心の整理が難しいことの一つです。その気持ちに翻弄されながら、きょうだいは母親の話を聞くことで、いつしか母親の気持ちの整理に気づかぬうちに付き合わされているのかもしれません。

ヒント

せっかくお母さんが喜んでくれると思っていたのに、そういう反応は確かに驚きますね。もしかすると、まだまだお母さんには時間が必要なのかもしれません。今の施設を決めるとき、自分の亡き後はどうなるのかという大きな不安を抱えていて、やっとのことで決断をしたのかもしれません。だからこそ、新たに違う施設に移るということは、以前味わった大きな不安のなかにまた戻ってしまうような、そんな気がしてしまったのかもしれません。私は今までいろんなきょうだいと話してきてそういうこともあるのではないかと思っています。

そして、施設に対する不満には、子離れしなくてはならなかったお母さんのつらい気持ちが現れているのかもしれません。だから、この先もまだまだ聞いてあげなくてはいけないと思います。今回、お母さんのためにいろいろとほかの施設を調べたことは無駄ではないと思います。この先、本当に別の施設に移らなくてはいけないときがくるかもしれませんし、お母さんではなくあなた自身が、お姉さんの今後を考えていかなくてはいけない場面もでてくるかもしれません。そんなときは今回の情報や決断がすごく役立つと思います。だからがっかりしないで、自信を持ってください。

エピソード 60

結婚相手には、いつ・どう伝える？

付き合って二年になる彼とは、いずれは結婚できたらと話すこともあった。けれど、私は結婚に踏みきれずにいた。

彼はおおらかで、なんでも気軽に隠すことなく話す人だった。そして、彼のお母さんも同じタイプのようだ。

一度、偶然、道で出会ったことがあるのだけれど、それ以来、彼のお母さんは「いつ遊びに来てくれるのかしら？」と、私が家に行くことを楽しみにしてくれているという。さらに、「『早く結婚しちゃいなさい』って言われたよ」と彼はさもおもしろそうに笑いながら言う。そんな彼の結婚をなんの心配もない、幸せなこととして考えられる様子をうらやましく思いながらも、自分との違いを感じて落ち込んでいた。自分は家族として認めてもらえないかもしれないと思うとこわかった。

私はおそるおそる自分の心配ごとを彼に話してみた。彼ならわかってくれるだろうと、そうでなくては困ると思ったから。「実はね、私の弟には障害があるんだよ。それはあなたにとって大丈夫なこと？」。神妙な私の顔つきに、彼も真剣な顔になった。「うーん……。別に大丈夫だけど、なにを心配しているの？」と聞かれた。私は、これまで弟のことを誰にも話せずにいたことや、話すことで変に気をつかわれてしまうのがこわかったこと、結婚がうまくいかなくなるかもしれないと親から言われたこともあったこと、自分の子どもに遺伝してしまうかもしれないと心配に思っていること、親が高齢になるにつれて弟の介護も考えなくてはいけないこと、相手の親族にも迷惑をかけてしまうかもしれないこと、だから結婚に対してなかなか前向きに考えられないことなどを思いつくままに話した。彼は真面目な顔をしてただ聞いてくれていた。

どんなふうに思って聞いてくれているんだろうと不安に思いながらも、彼だから素直な気持ちをここまで話せる、やっぱりこの人しかいないと実感している自分がいた。「よくはわかっていないかもしれないけどゆっくり考えよう。今は特に支障はないし、まずは僕の家に行こうよ」と彼が言った。話し終わったら、少し気が軽くなっていた。これからは一緒に考えてもらえると思ったら、少し前向きになれた。まだまだ難しいことが残っているとは思うけれど、彼のお母さんにも話せるときが来るかもしれない。そしてもしかすると、拒絶されることもあるのかもしれないけれど、彼のように「支障はない」と言ってくれるのかもしれない。

解説

結婚するとき、否応なく相手に家族のことを伝えなくてはなりません。だからこそ、ためらいや不安が恐怖に近いかたちできょうだいたちを悩ませます。相手にどう思われるのか、そのことで嫌われてしまうのか、障害についてどんな考えをもっている人なのか……。結婚相手だけではなく、相手の両親や親族がどんなふうに考えるのか。その反応を自分自身は受け止めきれるのかどうか。そのような思いが結婚に踏み切る気持ちを大きく左右するのは事実です。よく聞くのは、「いつ・どんなふうに伝えたらいいのかわからない」といった不安です。

そういったことがこわくて結婚を避けてしまうことや、過敏に反応しすぎて失敗してしまうこともあるといいます。「考えすぎていたけれど、意外と大丈夫だった」ということも、「言ったことでうまくいかなくなった」という場合もあります。相手とうまくいかなくなってしまう理由が、自分の欠点ではなく（本当は自分の欠点のほうがずっといいのに）、障害のある弟というのは悲しいですし、大人になって今さらそんなことを実感したくないと思ったりもします。それまで、「弟の障害と自分の人生は関係ない」と、いつも気持ちを整理してきたはずだからです。

それでも、これまで障害のある人とかかわったことのない人たちにとっては、障害のある人と家族や親族になるということは、驚いてしまう、抵抗があって当たり前のことなのかもしれません。とても悲しいことですが事実なのでしょう。

ヒント

もちろん、結婚しているきょうだいはたくさんいます。結婚相手は理解してくれたけれど親族の反対を受けてなかなかうまくはいかなかった人も、最初からなんの問題もなく結婚を迎えられた人もいます。それでもはじめて伝えるときはドキドキしたし、相手が理解してくれるかどうか不安だったようです。きょうだいからは、「障害のある兄を招待して一緒においしいものを食べにいく計画をたてた」「障害のある人の出てくる映画を一緒にみにいって反応を試した」「自分が話しに行くまえに、相手からご両親に話してもらいその反応で作戦をたてた」などという声も聞きました。

多くのきょうだいに出会って、たくさんの話を聞くことをおすすめします。そして、失敗談や成功談を聞くことができ、自分の不安も話すことができて、同じような不安をもつ人々とその思いを共有できる場がある、という安心感が不安に立ち向かう強さになればと思います。

エピソード 61

どうやって結婚式に参加してもらうか

僕には自閉症の弟がいる。弟は、広い場所に行くと走り出す、興奮したら手を血が出るまでかみ続けるなど、問題行動のオンパレードだ。彼女にも、彼女の両親にも、そんな弟がいることを伝えてある。

弟が結婚式に出席することについて僕が迷っていると、彼女は「大丈夫だよ。出てもらおうよ」と言ってくれた。そのことで僕の心配は少し和らいだ。それでも、やっぱり僕は不安だった。当日、大勢の人が出席している会場で、とんでもないことにならないだろうか……。

彼女は僕の思いを察して、彼女の両親と話す機会を作ってくれた。彼女のお父さんは「なにかあっても大丈夫。弟さんが過ごしやすい環境を作ろう」と言ってくれた。それから、彼女と僕、僕の両親で弟が通所している施設に行き、結婚式の間、弟を介助してもらえるかどうか相談した。職員さんは、勤務を調整して、結婚式に出てくれることになった。

結婚式当日、僕は自分がどうなるかという緊張より、弟がどうなるかの緊張で心臓が張り裂けそうだった。緊張の披露宴がはじまって、主役である僕が会場に入場してみると、席に座って笑顔でおいしそうに料理を食べている弟が見えた。それを見て「あっ、なんとかなるかもしれない」僕は胸をなでおろした。長い宴の途中で、時間を持て余してくると、部屋を出入りして気分転換するなど、職員さんは弟の状態に配慮しながら上手に支援してくれていた。また弟はビール瓶を持ち、自分のところにやってきてビールを注いでくれた。そのことがなによりも、涙が出るほどうれしかった。「出てもらってよかった。本当によかった……。彼女のおかげ、みんなのおかげ」と心から思った。

解説

きょうだいは、結婚式などの自分の大事な局面で、障害のある兄弟姉妹にどのように参加してもらうか悩むことがあります。「参加してもらうとどのようになってしまうのだろうか」「兄弟姉妹の様子を周りの人たちがどのように思うだろうか」など、いろいろなことを悩みます。その場に兄弟姉妹がいることで、自分の両親の負担が大きくなってしまうというのがわかるときなどには、自分の思いの前に、参加してもらうか否か、参加するとしたらどのような方法をとるべきかを家族や親戚全体で話し合うことが必要になる場合もあります。

そういった心配をすることなく、きょうだい自身が「障害のある兄弟姉妹を参加させたい」「ぜひ参加してもらいたい」とはっきり言うためには、さまざまなサポートがないと難しいかもしれません。きょうだい自身の思いが強くあったとしても現実的には難しいことも多くあります。

ヒント

この場合は、結婚式ですから相手がいますし、相手の親族もいます。相手と十分に話し合っておくことがやはり一番重要になります。自分の思いや不安を理解してもらえるように時間をかけてじっくりと話し合うことが大切です。自分の思いや家族、一緒に育ってきた兄弟姉妹を知ってもらい、心地よく結婚のスタートを切れるように話し合ってみましょう。

もちろん、兄弟姉妹の体調も重要です。やみくもに出席してもらうのでは意味がありません。出席が難しい場合もあると思います。このエピソードでは、施設の方に支援を求めてうまくいきました。相手の両親も理解してくれました。でも、そうはうまくいかないことも多いかもしれません。兄弟姉妹が出席しやすいように、支援を整えることも大事なことだと思います。ただ兄弟姉妹にとって大きな負担になるとしたら、そのときはもちろん出席してもらうのをあきらめることも一つの大事な選択です。それを決断することももちろん勇気がいることです。

最近では、「結婚式」の形も多様化していますから兄弟姉妹が出席しやすいよう柔軟に考えて、挙式のみの出席、披露宴のみの出席、こじんまりとした会場を選ぶなど工夫できることもあるでしょう。

エピソード

62 生まれ育った家族との付き合い方を考える

結婚して三年。妻には、小さな命が宿っている。あと半年で生まれる予定で、妻は定期検診を楽しみにしている。超音波検査の画像に映るわが子の様子、わが子が動いている様子を見ると、親になる責任とまだ見ぬわが子の誕生への期待が高まってくるのを感じる。

私には、もう一つの思いが交錯する。それは障害のある弟のことだ。弟は自閉症で行動障害と重度知的障害。結婚するときも、妻や義理の父母が弟のことを理解してくれるかどうかとても不安で悩んだ。でも、弟の存在を受け入れてくれた。

だから、ときどきは実家に帰って、弟の介護をしたり、旅行に連れていくことも妻はわかってくれた。けれど、子どもが生まれると、自分の子どもの子育てが大変になる。今までのようなペースで弟の介護はできないだろう。弟の介護を手伝えなくなったとき、両親はどのように感じるだろうか？「もっと弟の介護をやってほしい！」と思うかもしれない。悲しむのではないだろうか？

解説

自分の子どもができる——つまり新しい家族が増えるとき、二つの家族の間で揺れたと話すきょうだいがいます。その二つの家族とは、新しいパートナーと築いた「新家族」と自分が生まれ育った「旧家族」です。この二つの家族の間で揺れるというのは、きょうだいがこれら二つの家族に対して、どうバランスを取りながらかかわっていくかについて悩むということです。

「旧家族」に対しては、両親の老後や兄弟姉妹の世話など、「新家族」に対しては、配偶者との関係や生まれてくる子どもの世話などを考えなくてはいけません。当然ながらこのことは、障害者のいる家族に限って起こることではありません。一般的に考えても、結婚生活とは、この二つの家族の間で、バランスを取りながらやっていくものかもしれません。

しかし、障害者のいる家族やきょうだいには、障害のある兄弟姉妹の存在が加わります。つまり、自分の子どもが誕生した後、さまざまな環境変化がおこり、家族や兄弟姉妹との関係がどのようになるのだろうかと考えてしまいます。自分の子どもができることで障害のある兄弟の世話ができなくなり、世話ができないことに罪悪感を感じたりすることがあります。

この問題についても、「これ！」といった正しい答えはないのです。

いろいろな人からの経験談やアドバイスを参考にして、「新家族」の共同経営者である新しいパートナーと十分に話し合い、自分たちなりの答を出していきましょう。

ヒント

パートナーと築いた新家族ですから、パートナーとの話し合いが大変重要です。自分が描く旧家族との付き合い方、パートナーが描く旧家族（パートナーから見ると「義理の家族」に当たります）との付き合い方を、話し合いのなかで分かち合う必要があります。それを形作ることが新家族の安定につながります。

当然のことですが、結婚とは新しい家族、生活の場を作ることです。新しい家族をパートナーと一緒に切り盛りするわけですから、結婚前と同じように旧家族に頻繁にかかわることは時間的にも無理が生じます。そのことで、「結婚前と同じようには介護ができず、申し訳なく思ってしまう」というきょうだいの話も聞いたことがあります。でも、そう感じ続けるのではなく、自分が選んだ好きな人と生活していきたいという気持ちを一番にしながら、できる範囲で手伝っていけばいいのではないでしょうか。

障害のある兄弟姉妹の介護については、いろいろな意見があります。あるきょうだいは、「親が元気なうちは、（障害のある）兄の面倒はみない。だって、親には兄への責任がある。それと同じくらい自分にはパートナーを幸せにする責任があるから。とても二つの担い手になるのは難しい」と言います。また、別のきょうだいは、「親が心配だから、自分はできるだけ（障害のある）弟の介護を手伝う」と言います。

それぞれの考えがあります。繰り返しになりますが、結婚してできた新しい家庭と生まれ育った家族の間でうまくバランスをとることが大事なのです。

エピソード

63 遺伝について考える

今、娘は四歳になった。よくここまで大きくなってくれたとしみじみ思う。いつも元気に近所の子と遊んでいるし、保育園でもいろんなことに挑戦しているみたいだ。

私には、自閉症の弟がいる。私は心理士として働いていて、自分の弟と同じ障害のある子どもやその家族と接する機会が多い。今の職場に入って間もないころ、自閉症の子に付き添ってやってきたきょうだいにも、なんらかの障害があるとわかったことがあって、そのときは気持ちがとても落ち込んだ。「きょうだいにも障害がある」ということに私自身、大きなショックを受けたのだと思う。大学時代、障害児心理学の教授に「先生、僕も自閉症ですか？」と聞いたことがある。教授に「気にしているようだね。私は違うと思います」と丁寧に答えてもらって、すごくほっとした記憶がある。

いつのころからか、私は「遺伝」という言葉に敏感になっていた。結婚して妻に「子どもがほしい」と言われたとき、「もし私のせいで遺伝したら……。自分の家のように大変になるから、妻に申し訳ない」という気持ちが頭をかすめた。しばらく、「遺伝への不安」と「自分の子どもがほしい」との思いに揺れた。数か月間悩んだあげく、妻にその思いを打ち明けると、「もし障害のある子が生まれても育てていきましょう」と真剣な面持ちで言われた。妻はもうすでに覚悟していたのかもしれない。その晩、二人で納得できるまで話し合った。最初は、そんな話し合いができるとさえ思わなかった。一人で悩んだ数か月はなんだったんだろうと思った。このことは二人で考えていかなくてはいけないことなんだと実感した。この話し合いで、本当に不安を乗り越えることができた。本当に妻には感謝している。

数年後の出産の日、分娩室から大きな泣き声が聞こえた。そこでやっと本当にほっとしたと思う。第一関門をクリアした気分だった。無事に生まれた。本当によかった。それから、子育ての日々が始まった。たくさん接してあげようと必死だった。一歳くらいまで、「自分の目を見てくれるだろうか?」「笑いかけたら応じてくれるだろうか?」「言葉が出るだろうか?」とずっとずっと不安だった。元気に育ってきた今、やっと子育ての楽しさを実感できるようになってきた。

解説

大切なパートナーと一緒に生活し、新しい家庭を作りたいと考えるのは、ごくごく自然なことです。しかし、その際、きょうだいたちは自分の兄弟姉妹の障害が自分の子どもに遺伝するのではないかということについて、不安に思うことが多いようです。自分もその障害の遺伝子をもっているのではないかと考えることもあります。

きょうだいは、自分が生まれ育ったなかで、家庭に障害児がいることの大変さを実感しています。新しい家庭を作るとき、パートナーである夫や妻に苦労させてしまうのではないか、もしくは再び自分がその大変さを経験してしまうのではないかという不安が襲ってくることがあるのです。

ヒント

当然、障害のある人が家族にいることは、何も恥じるべきことではないはずです。ただ、やはりきょうだいのみなさんは、日々の生活のなかで障害児を育てる大変さを実感しているところがあると思います。障害に対する無理解を肌で感じてきたこともあるでしょう。いざ新しい家庭を作ろうとしたとき、その経験が思い出され、再現されることになるのではないだろうか？　と二の足を踏んでしまうこともあるのだと思います。

遺伝については、よくわからないぶん余計に不安を抱えてしまうことは、不思議ではないと思います。やはり遺伝するかもしれないという不安が自分のなかにあるなら、素直にパートナーに打ち明けてみることがまずは重要だと思います。自分でも向き合って考えるのが嫌な内容でもあるし、相手に話すには勇気が必要ですが、どうしても避けては通れません。二人で正面から話し合って決めていきましょう。この問題に正解はありません。二人で納得のいくまで話し合った結果であれば、それが二人にとっての答えになると思います。それでもなかなか話せなかったり、考えること自体、自分としてもつらかったり、一人で思い悩んでしまうきょうだいもいると思います。「この不安を夫にはなかなか話せなくて、一人でずっと悩んでいた。子どもがはじめて言葉を発した日までこわくて仕方なかった」と話すきょうだいもいました。

たしかに、デリケートな内容なので親や友人にも話しにくいと思いますが、パートナー、親、友人、さらには第三者である専門機関などの相談先を早めに探しておくことができれば、孤独で不安な時間を減らすことができるのかもしれません。障害によっては、医学的に遺伝することがわかっていることもあります。そういった場合は、専門機関の「遺伝カウンセリング」なども受け、事前に十分に情報収集し、夫婦で力を合わせていくこともできると思います。

COLUMN 6

兄弟姉妹を亡くしたきょうだいへ「弟が亡くなったとき」

私は障害のある弟を亡くしています。生まれつき障害のあった弟は、体が弱くて肺炎にかかりやすく、一〇代後半からはよく入退院を繰り返していました。弟はいつも家族の中心で、弟の介護を中心に両親のスケジュールが組まれ、それにじゃまにならない程度に私の予定が入りこんでいました。弟は話すことも、動くこともできませんでしたが、いつも居間の中心にドスンとい座り、家族の皆が弟を中心に会話をしていました。弟が施設に入って少しその風景が変わりましたが、それでも家族のなかでの存在感は変わっていませんでした。いつも心の根底には弟がいて、両親のスケジュールは、やはり弟中心でした。ずっと変わらず弟を中心として私の家族は結びついていたように思えます。

そんな弟がいなくなってしまいました。弟が脳死状態になってしまったとき、私は一人でＩＣＵの近くのトイレの個室に入り、おいおいと泣いていました。神様はなんてひどいことをするのだろうと思いました。弟はもともと歩けなかったし、しゃべることだってできませんでした。生まれつき障害があったので、本を読んだり勉強したりできたわけではありません。それでも、弟はいろんなことを感じることはたくさんできていたでしょう。そんな弟から、そんな小さな能力さえも奪ってしまうなんて、ひどすぎる……。悲しくて腹が立ってわんわん泣いていました。

それから少したって、ＩＣＵの待合室にいる親のところへ戻りました。私は赤い眼をしていて、泣いていたとすぐにわかる顔だったと思いますが、親には泣いていたと知られたくなくて、涙をふき、顔を洗い、放心状態の両親のところに戻ったのです。両親の前では泣きたくありませんでした。弟のことで必死な両親に、私が悲しんでいることを知られたら、余計な心配をかけてしまうのではないかと思い、そのときは必死でした。心の支えとしている弟がこの世からいなくなってしまったら、両親はどうなってしまうのだろうか。それが無性に心配でした。

その後、ほどなくして弟は亡くなってしまいました。久しぶりに弟は家に帰ってくることができました。見たこともないくらい両親は泣いていて、それはとても悲しくつらい姿でした。このまま両親は生きていけないのではないかと思うほどでした。それくらい弟の存在は両親にとって大きなものだったのです。私は、両親が倒れてしまうのではないかと心配で、両親のために食事を用意し、食事をとるように何度も言いました。

弟が亡くなってから、三年の月日がたったころ、両親はやっとなんとか生きていく術を見つけられたようです。もちろんそれには時間が必要でした。弟がいなくなった直後、家族は本当にバラバラになってしまったように思えました。それでもなんとか新たな家族の結びつきができたように思います。私はやっと両親のことを心配しなくてもいいようになったのかもしれません。

参考文献

吉川かおり『発達障害のある子どものきょうだいたち―大人へのステップと支援』生活書院、2008

遠矢浩一『障がいをもつこどもの「きょうだい」を支える―お母さん・お父さんのために―』ナカニシヤ出版、2009

サンドラ ハリス著、遠矢 浩一翻訳『自閉症児の「きょうだい」のために―お母さんへのアドバイス』ナカニシヤ出版、2003

シーラリッチマン著、井上雅彦、奥田健次監訳、テーラー幸恵翻訳『自閉症へのABA入門―親と教師のためのガイド―』東京書籍、2003

広川律子編『オレは世界で二番目か？―障害児のきょうだい・家族への支援―』クリエイツかもがわ、2003

戸田竜也『「よい子」じゃなくていいんだよ―障害児のきょうだいの育ちと支援』新読書社、2005

田中弘美『Dear. Brother & Sister 障がい児のきょうだいたちのホントの気持ち』Hon's ペンギン、2005

全国障害者とともに歩む兄弟姉妹の会編『きょうだいだって愛されたい―「障害のある人が兄弟姉妹にいるということ」』東京都社会福祉協議会、2006

Donald Meyer & Patricia F. Vadasy “Sibshops : Workshops for Siblings of Children with Special Needs” Paul H. Brookes Publishing, 2007

「きょうだいの会」について

障害のある兄弟姉妹のことや家族のことなど、普段感じていることを気兼ねなく話せる相手はやはり同じような境遇のきょうだい仲間です。大人になったきょうだいたちは自分たちで集まり、情報交換をすることができます。そういったセルフヘルプとして行われている大人のためのきょうだいの会もあります。大人のきょうだいの会では、小さいころに感じていたことを話して気持ちの解消をしたり、現在や将来の不安なことや困りごとなどを話して、相談したり確認したりすることができます。

でも、子どものきょうだいたちは自分たちだけで集まることはなかなかできません。自分のほかに同じ境遇のきょうだいがいるということさえわからないこともあります。ですから、子どものきょうだい会は大人が場を設定することが必要です。子どものきょうだいの会では、社会人や大学生たちが中心となって、室内でのレクリエーションや調理、日帰りの外出や宿泊、話し合い、勉強会などを組み合わせて行います。子どもたちの会では、とにかく楽しく遊んで、気持ちを発散できることがメインになりますので、大人たちはできるだけ楽しいことをイメージして、さまざまな企画をしています。もちろん勉強会や話し合いなどのまじめな時間も大事なのですが、それが長い時間になってしまうと子どもたちも苦しくなってしまうことも多いので、遊びと話し合いの両方のバランスが大切になります。

「普段できない経験ができる」のもきょうだいの会のメリットです。また、きょうだいの会に参加することで、仲間たちと知り合うことができます。「きょうだいは自分だけではない」ということが参加している子どもたちに伝わります。そのことは大きな安心につながると思います。自分の兄弟姉妹の障害についてあまりよく理解できていないと考えられる小学校低学年でも、どんな子どもたちがここに集まっているのか、その年齢なりに理解しているのを感じることがあります。

きょうだいの会で初めての経験をすることもあります。障害のある兄弟姉妹がいると、なかなか混雑するところには出かけられず、移動も車中心になり、電車やバスを使って出かける経験をしたことがないということがあります。自分たちで電車に乗ったり、アウトドアをしたり、家族では行けないさまざまなところへ出かけることで、いろいろな経験を積んでいくことになります。

子どもの会を支える大人のなかには「自分もきょうだい」という人もいます。その先輩である大人たちから話を聞くことも参加する子どもたちにとって、とても貴重な体験となります。家であったことを気軽に話し、それを大人たちにきちんと受け止めてもらえる経験もできます。勉強会などで障害そのものについて学習することもありますが、話をしていくなかで、障害のことや学校や福祉のことについてなど、親からの情報だけでなく知ることができるので、とても大事な情報交換の場となっています。

次ページに筆者三名のきょうだいの会を紹介します。

子どもの
きょうだいの会

きょうだい会札幌

代表者：本間尚史　設立：1998 年 8 月

年 4 回のイベントをとおして、きょうだい同士が仲良くなることを目指し、お互いの気持ちや困っていることを共有しながら交流しているセルフヘルプグループです。ここ数年は、春・秋は、バーベキューやボーリング、カラオケなどに出かけています。夏は大自然の中でキャンプ、冬はホテルでお泊まり会を行いました。兄弟姉妹の障害種は特に問いません。

対象年齢と参加人数

小学生から大人までのきょうだいを対象としています。1 回のイベントあたりの参加人数の平均は 20 名前後です。

活動場所

札幌市内および札幌市近郊

その他

ボランティアの参加は大歓迎です。これまでも多くのボランティアの方に支えていただきました。子どもたちと遊ぶことが大好きな方であれば参加できます。会の設立・運営に関して、北海道自閉症協会札幌分会（通称：札幌ポプラ会）のご協力をいただいており、ポプラ会の会報を通して広報しています。大人のきょうだいは、子どもたちとの活動を盛りたてるリーダー的役割を担うことがあります。大人向けの企画はありませんが、子どもたち向けのイベント前後の打ち合わせの際に親睦を深め交流する機会があります。

ホームページ：http://kyodaisapporo.cocolog-nifty.com/blog/kyodaisapporo-katsudo-syokai.html

子どもの
きょうだいの会

ななかま丼プロジェクト

代表者：白鳥めぐみ　設立：2000 年 12 月

＊現在、新しい参加者は募集していません。継続的な活動は休止しています。

設立当初は大人のきょうだいが中心の会で、今まで語れなかった思いを共有しあい、会報を作り、発信する会として活動していました。2004 年から子どものきょうだいを集めたキャンプを始め、自然の中でみんながめいっぱい遊び楽しめるような行事を開催してきました。毎回、話し合いの時間を作り、子どもも大人もきょうだいの思いを語る時間を大切にしています。

対象年齢と参加人数

小学生〜大人まで。現在は 20 名ほどが参加しています。

活動場所

北海道内

その他

以前に発行していた会報、子ども向け新聞、通信などをまとめた小冊子「たっぷりななかまどん！」を発行しています。

ホームページ：http://nadon.web.infoseek.co.jp/

子どもの
きょうだいの会

きょうだいの会横浜

代表者：諏方智広　設立：2004年4月

月に1回、自閉症児のきょうだいが集まり、話し合いやレクレーション、外出をしています。2009年度はミカン狩りや東京都内での宿泊、医師を迎えて「自閉症」についての講演会や「感情」についての話し合い、コラージュ、スケート、ボーリングなどのレクレーションを行いました。

対象年齢と参加人数

横浜市内の小学1年から高校3年までの40人が参加しています。

活動場所

横浜市内の公共施設

その他

きょうだい会活動以外にも「きょうだいの想いを聞く会」「きょうだい支援講演会」「父親保護者会（親父の親睦会）」なども開催しています。
ホームページ：http://www.ac.auone-net.jp/~yokosibs/

大人の
きょうだいの会

きょうだい支援の会神奈川

世話人：諏方智広　設立：2003年12月

月に1回例会を開催しています。大人になったきょうだいが、今まで周りの人に話してもなかなかわかってもらえなかったこと、体験してきたことをざっくばらんに話せる場をつくっていこうと考えています。きょうだいだから味わうことができた体験、きょうだいとして悩みを感じていることなどを、共有する場にしていきたいと思っています。

対象年齢と参加人数

障害のある人のきょうだい（障害種は問わない）、毎回4～6人が参加しています。

活動場所

横浜市内の公共施設

その他

ホームページ：http://www.geocities.jp/ssgj_kanagawa/

著者紹介

白鳥めぐみ（しらとり　めぐみ）

北海道札幌市生まれ。旭川市にて「サポートセンターぴっころ」に勤務。自閉症の家族への在宅支援サービスを展開し、きょうだい児への支援に出会う。「ななかま丼プロジェクト（旭川市きょうだいの会）」を設立。その後、転職し横浜へ。現在は、横浜市内の療育センターにソーシャルワーカーとして勤務。「きょうだいの会横浜」に参加。

諏方　智広（すわ　ともひろ）

愛知県名古屋市生まれ。横浜国立大学大学院教育学研究科在学中にきょうだい児への支援活動を始める。現在「きょうだいの会横浜」代表、「愛知県自閉症協会きょうだい会」の実施担当者。きょうだい支援に関する講演を全国で行っている。横浜市公立学校教諭。

本間　尚史（ほんま　なおふみ）

北海道伊達市生まれ。北海道大学大学院教育学研究科在学中、きょうだい児への支援活動を仲間たちとともに始める。1998年夏、札幌自閉症児者親の会の協力のもと「きょうだい会札幌」を設立。現在、年4回ほど数名のスタッフと「仲間づくり・わかちあい・学びあい」のテーマのもとイベントを開催、きょうだい会を運営している。札幌市公立学校教諭。

きょうだい―障害のある家族との道のり―

2010年10月1日　初　版　発　行

2023年5月25日　初版第7刷発行

著者……………白鳥めぐみ、諏方智広、本間尚史

発行者…………荘村明彦

発行所…………中央法規出版株式会社

〒110-0016　東京都台東区台東3-29-1　中央法規ビル

TEL03-6387-3196

https://www.chuohoki.co.jp/

装幀……………渡邊民人（TYPEFACE）

カバーイラスト……須山奈津希

本文デザインDTP…荒井雅美（TYPEFACE）

イラスト………白鳥めぐみ

印刷・製本……株式会社太洋社

定価はカバーに表示してあります。

ISBN 978-4-8058-3374-2

落丁本・乱丁本はお取替えいたします。

本書の内容に関するご質問については、下記URLから「お問い合わせフォーム」にご入力いただきますようお願いいたします。

https://www.chuohoki.co.jp/contact/